# JOIA-CORAÇÃO

# Outros livros de Venerável Geshe Kelsang Gyatso Rinpoche

Contemplações Significativas
Clara-Luz de Êxtase
Compaixão Universal
Caminho Alegre da Boa Fortuna
O Voto Bodhisattva
Grande Tesouro de Mérito
Introdução ao Budismo
Solos e Caminhos Tântricos
Oceano de Néctar
Essência do Vajrayana
Viver Significativamente, Morrer com Alegria
Transforme sua Vida
Novo Manual de Meditação
Como Solucionar Nossos Problemas Humanos
Mahamudra-Tantra
Budismo Moderno
Novo Coração de Sabedoria
Novo Guia à Terra Dakini
Como Entender a Mente
As Instruções Orais do Mahamudra
Novo Oito Passos para a Felicidade

Este livro é publicado sob os auspícios do
**Projeto Internacional de Templos da NTK-UBKI**,
e o lucro recebido com a sua venda está direcionado para
benefício público através desse fundo.
[Reg. Charity number 1015054 (England)]
Para mais informações:
www.tharpa.com/benefit-all-world-peace

VENERÁVEL GESHE
KELSANG GYATSO RINPOCHE

# Joia-Coração

AS PRÁTICAS ESSENCIAIS
DO BUDISMO KADAMPA

THARPA BRASIL

São Paulo, 2016

Primeira edição em língua inglesa em 1991.
Segunda edição em língua inglesa em 1997.

Primeira edição no Brasil em 2004.
Reimpresso em 2008.
Segunda edição no Brasil em 2016.

Título original:
Heart Jewel: The Essential Practices of Kadampa Buddhism

Tradução do original autorizada pelo autor.

**Tradução, Revisão e Diagramação** Tharpa Brasil

Dados Internacionais de Catalogação na Publicação (CIP)

Kelsang, Gyatso (Geshe), 1932-
**Joia-Coração** / Geshe Kelsang Gyatso;
tradução Tharpa Brasil - 2. ed. - São Paulo: Tharpa Brasil, 2016.
232p. : 14 x 21 cm

Título original em inglês: Heart jewel

ISBN 978-85-8487-044-8

1. Budismo 2. Carma 3. Meditação I. Título.

05-9278 CDD-294.3

Índices para catálogo sistemático: 1. Budismo: Religião 294.3

2016


EDITORA THARPA BRASIL
Rua Artur de Azevedo 1360, Pinheiros
05404-003 - São Paulo, SP
Fone: 11 3476-2328
www.tharpa.com.br

# Sumário

# *Ilustrações*

# *Nota do Tradutor*

As palavras de origem sânscrita e tibetana, como *Bodhichitta*, *Bodhisattva*, *Dharma*, *Geshe*, *Sangha* etc., foram grafadas como aparecem na edição original deste livro, em língua inglesa, em respeito ao trabalho de transliteração previamente realizado e por evocarem a pureza das línguas originais das quais procedem.

Em alguns casos, contudo, optou-se por aportuguesar as palavras já assimiladas à língua portuguesa (Buda, Budeidade, Budismo, carma) em vez de escrevê-las de acordo com a sua transliteração (*Buddha*, *karma*).

As palavras estrangeiras foram grafadas em itálico somente na primeira vez que aparecem no texto.

# *Agradecimentos*

No outono de 1990, os estudantes do *Manjushri Kadampa Meditation Centre* tiveram a grande boa fortuna de receber do precioso e plenamente realizado Mestre, Venerável Geshe Kelsang Gyatso Rinpoche, uma série completa de ensinamentos claros e inspiradores sobre o Guru-Ioga de Je Tsongkhapa de acordo com a linhagem Segyu. Esses ensinamentos estão agora sendo publicados neste livro.

Neste livro, Venerável Geshe Kelsang estabelece a autenticidade e qualidades únicas e exclusivas de Je Tsongkhapa e da Nova Tradição Kadampa, ajudando assim a promover esta pura tradição por todo o mundo e para as gerações que estão por vir.

Agradecemos profundamente ao autor por esta inestimável bondade. Gostaríamos também de agradecer a todos os estudantes do autor que, com grande habilidade e dedicação, editaram o livro e o prepararam para publicação.

*Roy Tyson,*
*Diretor Administrativo,*
*Manjushri Kadampa Meditation Centre,*
*Abril de 1997*

# *Prefácio*

Este livro apresenta duas práticas reveladas por Manjushri, o Buda da Sabedoria. A primeira é um Guru-Ioga especial, no qual visualizamos nosso Guia Espiritual como Je Tsongkhapa, que, por sua vez, é uma emanação de Buda Manjushri. Confiando nesta prática, podemos purificar negatividades, acumular mérito e receber bênçãos. Desse modo, alcançaremos naturalmente todas as realizações das etapas do caminho de Sutra e de Tantra e, em particular, conquistaremos uma sabedoria de Dharma muito especial.

A segunda prática é um método para confiar no Protetor do Dharma. Por meio desta prática, podemos superar obstáculos à nossa prática e criar condições favoráveis para que possamos nutrir e aumentar nossas puras realizações de Dharma.

Estas duas práticas são as práticas essenciais da Nova Tradição Kadampa do Budismo Mahayana. Ambas estão incluídas na sadhana *Joia-Coração*, que pode ser encontrada no Apêndice III. Ao praticar, regular e sinceramente, essa sadhana, tornaremos nossa preciosa vida humana extremamente significativa e colheremos, com toda a certeza, uma colheita de puras realizações de Dharma. Por fim, viremos a experienciar a alegria suprema da plena iluminação.

# *PARTE UM*

# *O Guru-Ioga de Je Tsongkhapa*

*Je Tsongkhapa e seus dois Filhos descendo*
*da Terra Pura de Tushita*

# *Introdução*

**O comentário à** sadhana *Joia-Coração* será dado a partir de três tópicos principais:

1. A instrução do Guru-Ioga de Je Tsongkhapa de acordo com a linhagem Segyu;
2. Confiar no Protetor do Dharma;
3. Dedicatória.

A instrução do Guru-Ioga de Je Tsongkhapa de acordo com a linhagem Segyu será apresentada em duas partes:

1. Introdução;
2. A prática propriamente dita da instrução.

A introdução tem três partes:

1. Je Tsongkhapa;
2. A história e a linhagem da instrução;
3. Os benefícios desta prática.

## JE TSONGKHAPA

No *Tantra-Raiz de Manjushri*, Buda Shakyamuni fez uma predição sobre como, posteriormente, Manjushri se emanaria como Je Tsongkhapa:

Após a minha morte,
E quando minha doutrina pura estiver ausente,
Tu aparecerás como um ser comum,
Executando os feitos de um Buda
E estabelecendo a Terra Alegre, o grande Protetor,
Na Terra das Neves.

Essa estrofe revela as qualidades especiais de Je Tsongkhapa. O terceiro verso explica que, embora fosse um ser iluminado, uma manifestação do Buda da Sabedoria Manjushri, Je Tsongkhapa não se revelou como um ser especial, mas apareceu sempre sob o aspecto de um praticamente comum. Em particular, ele nunca demonstrou publicamente seus poderes miraculosos ou clarividência, e encorajou seus discípulos a seguirem seu exemplo de nunca revelar quaisquer poderes especiais que pudessem ter alcançado.

Em vez de revelar poderes miraculosos, Je Tsongkhapa trabalhou principalmente para estabelecer o puro Budadharma por todo o Tibete. Por meio de dar ensinamentos e de mostrar um bom exemplo, ele conduziu muitos seres a obterem puras e autênticas realizações de Sutra e de Tantra. Este é o significado do quarto verso da estrofe.

A frase "Terra Alegre", no quinto verso, é o nome da Terra Pura de Buda Maitreya, conhecida como "Tushita" (em sânscrito), ou "Ganden" (em tibetano), para onde Je Tsongkhapa foi após falecer. Durante sua vida, Je Tsongkhapa fundou um grande monastério no Tibete, chamado "Monastério Ganden", e difundiu por todo o Tibete uma doutrina pura, que se tornou conhecida como "a doutrina Ganden". Esta doutrina é um Budadharma puro e especial, que vem da sabedoria de Manjushri. É denominada "o grande Protetor", porque ela protege todos os seres vivos do oceano do sofrimento *samsárico*. Tudo isso indica que Je Tsongkhapa é uma manifestação de Buda Maitreya, que é o Protetor das centenas de Deidades da Terra Alegre. Nos dias atuais, a tradição de Je Tsongkhapa é conhecida como "a Tradição Gelug", ou "Tradição Virtuosa", e seus seguidores são conhecidos como "Gelugpas"; porém, o nome original, "Ganden", veio de Buda Shakyamuni. Este é o significado do quinto verso.

Como Buda havia predito, Je Tsongkhapa apareceu no Tibete, na Terra Pura das Neves, onde viveu de 1357 até 1419. Quando Je Tsongkhapa nasceu, uma gota de sangue de sua mãe caiu no solo e, posteriormente, uma árvore de sândalo branco, com cem mil folhas, cresceu naquele local. Em cada uma das folhas, apareceu uma imagem de Buda Sengei Ngaro, que é o mesmo continuum mental de Buda Manjushri. Isso indica que a criança era uma manifestação de Manjushri. Posteriormente, o terceiro Dalai-Lama, Sonam Gyatso, disse que essa árvore preciosa era um objeto de oferendas e respeito, e levou-a para um monastério próximo, onde a colocou dentro de uma *estupa* de prata com muitos joias preciosas, e fez extensas oferendas a ela. Esse monastério tornou-se conhecido como "Monastério Kumbum", ou "O Monastério das Cem Mil Imagens". Por fim, outras árvores semelhantes cresceram ao redor da estupa, e suas folhas também exibiam imagens especiais. Em algumas delas, apareciam as letras do mantra de Manjushri, OM AH RA PA TSA NA DHI, e, em outras, a letra-semente de Manjushri, a letra DHI. Essas folhas eram consideradas como muito preciosas, e, quando caíam no outono, as pessoas as recolhiam e moíam, transformando-as em pó. Ao provarem desse pó, muitas pessoas foram capazes de se curar de doenças e de aumentar sua sabedoria.

Je Tsongkhapa mostrou um exemplo perfeito de como construir os alicerces para o caminho espiritual, como fazer progressos nesse caminho e como concluí-lo. Primeiro, ele estudou os Dharmas de Sutra e de Tantra por inteiros, confiando sinceramente em seus Guias Espirituais; e depois, colocou todo esse conhecimento em prática e demonstrou a aquisição de todas as realizações, desde confiar no Guia Espiritual até a União-do-Não-Mais-Aprender, ou Budeidade. Desde então, milhares de praticantes têm alcançado a felicidade última da Budeidade em uma única vida, por meio de seguirem o exemplo de Je Tsongkhapa e de praticarem sinceramente seus ensinamentos. Inclusive nos dias atuais, praticantes fiéis que seguem o puro Dharma de Je Tsongkhapa podem alcançar esses resultados.

Se, em vez de dar ensinamentos e um exemplo puro, Je Tsongkhapa tivesse demonstrado suas boas qualidades através de, principalmente, exibir seus poderes miraculosos e outras formas de clarividência, não teríamos recebido nenhum benefício dessas suas ações. Não precisamos de demonstrações de poderes miraculosos – o que precisamos, realmente, é de um exemplo claro sobre como ingressar em um caminho espiritual inequívoco; como praticar, confortável e suavemente, esse caminho; e como completá-lo com sucesso. Esse é o verdadeiro método para solucionar nossos problemas diários. Visto que Je Tsongkhapa nos deu exatamente esse exemplo, devemos reconhecer sua imensa bondade e desenvolver fé e respeito inabaláveis nele.

Je Gendundrub, o primeiro Dalai-Lama, escreveu um louvor especial a Je Tsongkhapa, intitulado *Canção da Montanha Nevada Oriental*, ou *Shargangrima*, em tibetano. Nessa canção, ele diz a Je Tsongkhapa:

> Para o afortunado povo do Tibete, a Terra das Neves, tua
> bondade, ó Protetor, é inconcebível.
> Especialmente para mim, Gendundrub,
> O fato de minha mente estar direcionada para o Dharma
> Deve-se somente à tua bondade, ó Venerável Pai e Filhos.
>
> Doravante, até que eu alcance a iluminação,
> Não buscarei outro refúgio além de ti.
> Ó Venerável Pai e Filhos,
> Por favor, cuida de mim com tua compaixão.
>
> Embora não possa retribuir tua bondade, ó Protetor,
> Rezo para que, com minha mente livre da influência do
> apego e do ódio,
> Eu me empenhe para manter tua doutrina e fazê-la florescer,
> Sem nunca abandonar esse objetivo.

Apenas visualizar Je Tsongkhapa com fé já é, por si só, um método poderoso para receber as bênçãos de todos os Budas, e, se tivermos forte fé, o simples fato de mantermos uma estátua de Je Tsongkhapa em nossa casa fará com que o local se torne um ambiente sagrado e irá nos proteger da pobreza.

Quando Je Tsongkhapa faleceu, o país inteiro ficou dominado pela dor da perda do seu precioso professor. A dor não era apenas porque nunca mais iriam vê-lo diretamente, mas, já que havia pouquíssimas representações de Je Tsongkhapa, muitas pessoas ficariam incapazes de ter uma ideia, até mesmo, de sua aparência. Consequentemente, muitos artesãos começaram a fazer estátuas e a pintar *tangkhas* de Je Tsongkhapa. Embora Je Tsongkhapa não mostrasse publicamente seus poderes miraculosos enquanto era vivo, fez, após sua morte, muitos milagres por meio dessas estátuas e tangkhas. Oito estátuas, em particular, tornaram-se muito famosas. Elas são conhecidas como:

1. *Je she par ma* (O Venerável que Desapareceu com um Sorriso);
2. *Je nga dra ma* (O Venerável que é o Mais Semelhante);
3. *Je shen pen ma* (O Venerável que é Mais Benéfico para os Outros);
4. *Je ku thim ma* (O Venerável que se Dissolveu no Corpo);
5. *Je nam pur ma* (O Venerável que se Elevava ao Espaço);
6. *Je tsong pon gelek ma* (O Venerável Eminente Mercador Gelek);
7. *Je tso dog ma* (O Venerável que Pacifica Conflitos);
8. *Je ling pur ma* (O Venerável que Partiu para Outras Terras).

A história da primeira estátua é a seguinte. Certa época, um humilde praticante tentou encontrar uma estátua de Je Tsongkhapa para seu retiro, mas não obteve sucesso; então, durante o retiro, fez uma pequena estátua e colocou-a em seu altar. Para o praticante, essa estátua era como Je Tsongkhapa vivo, e, todos os dias, antes de começar sua meditação, fazia oferendas e prostrações diante da estátua. Um dia, assim que saiu da meditação, percebeu que a estátua estava gradualmente se dissolvendo em luz. Conforme observava, a estátua inesperadamente sorriu e, ascendendo ao espaço, desapareceu por completo. O meditador ficou surpreso e mal podia acreditar no que havia visto. Após refletir por um longo tempo, decidiu ir até seu professor e contar-lhe o que havia acontecido. Seu professor ficou deleitado e disse a ele para fazer outra estátua, exatamente igual à primeira. Assim ele fez, e é essa estátua que, posteriormente, passou a ser conhecida como "O Venerável que Desapareceu com um Sorriso".

A segunda e terceira estátuas foram feitas por dois artesãos envolvidos em uma competição amigável, para ver quem era o mais habilidoso na fabricação de estátuas. Eles levaram as duas estátuas a um elevado lama, para que as avaliasse. Enquanto o lama as examinava com uma mente de devoção, uma estátua pronunciou-se, dizendo: "Sou a mais semelhante". Então, a outra estátua retorquiu: "Mas eu sou mais benéfica para os outros". Foi assim que essas duas estátuas famosas receberam seus nomes.

A quarta estátua recebeu seu nome após um evento ocorrido com outra estátua pertencente a um praticante chamado Lama Nyungne, cuja prática principal era o Guru-Ioga de Je Tsongkhapa. Esse praticante costumava manter uma estátua de Je Tsongkhapa em seu altar, e considerava-a como Je Tsongkhapa vivo. Todo dia, ele praticava Guru-Ioga, desde buscar refúgio até dissolver Guru Tsongkhapa em seu coração. Porque praticava tão sinceramente, desenvolveu um coração muito puro e obteve uma experiência especial de concentração. Um dia, enquanto visualizava Guru Tsongkhapa dissolvendo-se em seu coração, experienciou sua estátua dissolvendo-se de fato nele e, quando saiu da meditação, a estátua que estava em seu altar havia desaparecido por completo. Após esse acontecimento, o praticante rapidamente alcançou muitas realizações elevadas. Notícias sobre esse evento espalharam-se, e o artesão que havia feito a estátua ficou muito famoso. Posteriormente, ele fez outra estátua de Je Tsongkhapa, à qual deu o nome de "O Venerável que se Dissolveu no Corpo".

A quinta estátua pertenceu a um monastério onde, com frequência, era vista – especificamente por um praticante sincero – subindo ao espaço e, depois, retornando ao seu lugar no altar. Por causa disso, a estátua ficou conhecida como "O Venerável que se Elevava ao Espaço".

A sexta estátua foi feita por um ministro do governo, fervoroso discípulo de Je Tsongkhapa, e que o próprio Je Tsongkhapa a havia abençoado. Um dia, contudo, uma pessoa maldosa, movida por inveja, roubou a estátua e, levando-a para muito longe, jogou-a num grande rio. Algum tempo depois, um importante mercador chamado Gelek estava viajando a cavalo por aquela região quando notou um arco-íris de cores brilhantes elevando-se verticalmente no espaço e que, aparentemente, emergia do leito do rio. Pensando que fosse um sinal extraordinário, decidiu passar a noite nas proximidades. Na manhã seguinte, o arco-íris ainda estava lá e, por essa razão, o mercador decidiu prosseguir com a investigação. Embora as pessoas do local não conseguissem ver nada no rio, Gelek não estava convencido. Amarrando-se com cordas, entrou nas águas geladas do rio e mergulhou até o fundo. Lá, encontrou a estátua de Je Tsongkhapa, irradiando luzes brilhantes nas cores do arco-íris. Quando voltou à superfície, as pessoas que testemunhavam o fato ficaram surpresas ao ver que ele não havia se afogado, e ficaram ainda mais surpresas ao verem a preciosa estátua que estava segurando. Já que a estátua fora recuperada pelo eminente mercador Gelek, ela passou a ser conhecida, posteriormente, como "O Venerável Eminente Mercador Gelek".

A sétima estátua vem de uma região do Tibete Oriental onde, em certa época, houve uma prolongada guerra civil. A população local ansiava pelo fim dos combates e, por isso, foram até um lama que vivia nas proximidades, com reputação de ser um grande meditador, e perguntaram a ele o que deveriam fazer. Ele lhes disse para que construíssem uma grande estátua de Je Tsongkhapa na cidade e que fizessem oferendas e pedidos diante dela. Assim eles fizeram e, logo em seguida, os combates cessaram e a paz prevaleceu por toda a região. Essa estátua ficou conhecida, posteriormente, como "O Venerável que Pacifica Conflitos".

A oitava estátua recebeu seu nome após uma estátua muito venerada de Je Tsongkhapa ter desaparecido misteriosamente do Tibete. Praticantes puros com clarividência constataram que a estátua havia partido para terras muito distantes, onde o solo era coberto com diamantes e a língua e os costumes eram completamente diferentes. Eles também constataram que a estátua estava beneficiando as pessoas desse lugar; por essa razão, decidiram fazer outra estátua semelhante a ela, e denominaram-na de "O Venerável que Partiu para Outras Terras".

Milagres como esses não estão restritos aos tempos antigos. Mesmo nos dias atuais, há muitas estátuas e outras representações de Je Tsongkhapa que possuem qualidades especiais. Por exemplo, quando eu estava no Monastério Sera, no Tibete, havia um *geshe* chamado Geshe Jatse, que eu conhecia bem. Quando concluiu seu treinamento como geshe, retirou-se para uma caverna, nas montanhas, com o objetivo de fazer um retiro e permaneceu ali, vivendo do mesmo modo que Milarepa, pelo resto de sua vida. Quando faleceu, seus muitos discípulos, juntamente com um grande número de pessoas, foram até a caverna para prestar respeito a ele e, para a surpresa de todos, viram que a estátua de Je Tsongkhapa que pertencia a Geshe Jatse havia desenvolvido dentes e cabelo. Ouvi esse relato diretamente desses discípulos, alguns dos quais eu conhecia bem.

O nome do meu primeiro professor de filosofia no Monastério Ngamring Jampaling era Geshe Palden. Certa vez, ele fez um longo retiro-aproximador de Je Tsongkhapa, contando preces *Migtsema*. Ao final de seu retiro, uma imagem de Je Tsongkhapa apareceu em uma das contas do seu *mala*. Ele me mostrou e eu a vi muito claramente.

Há muitas outras histórias como essas que mostram como, até mesmo nestes tempos impuros, praticantes fervorosos podem receber bênçãos incessantes de Je Tsongkhapa.

## A HISTÓRIA E A LINHAGEM DA INSTRUÇÃO

O Guru-Ioga de Je Tsongkhapa de acordo com a linhagem Segyu foi originalmente ensinado por Buda Manjushri como parte de uma escritura especial, conhecida como *Escritura Emanação Kadam*. Esse Guru-Ioga foi extraído dessa escritura pelo próprio Je Tsongkhapa. Nos dias atuais, a prática é conhecida como *Ganden Lhagyema*, em tibetano, ou *As Centenas de Deidades da Terra Alegre*, em português. O nome deriva do fato de que, na primeira estrofe, convidamos Je Tsongkhapa para descer do coração de Buda Maitreya, que é conhecido como "o Protetor das centenas de Deidades da Terra Alegre".

Je Tsongkhapa transmitiu essa instrução a Je Sherab Senge, que foi um de seus principais discípulos. Je Sherab Senge nasceu na parte superior do Tibete, chamada Tsang. Ele foi um mestre de meditação e um erudito muito sagrado que teve milhares de discípulos, incluindo Je Gendundrub, o primeiro Dalai-Lama. Je Sherab Senge foi o detentor da linhagem dos ensinamentos tântricos de Je Tsongkhapa e, como predito por Je Tsongkhapa, fundou a Universidade Tântrica Gyume, no Tibete Central, e a Universidade Tântrica Segyu, na parte superior do Tibete.

Je Sherab Senge transmitiu essas instruções para Dulnagpa Palden Sangpo, que foi um de seus principais discípulos. Palden Sangpo também nasceu em Tsang, em um vilarejo chamado Tanagdo, próximo ao Monastério Tashilhunpo, e foi ordenado no Monastério Narthang. Após receber essa instrução, ele a praticou sinceramente e, como resultado, obteve elevadas realizações espirituais. Ele era capaz de ajudar muitas pessoas doentes, curando graves doenças e pacificando obstáculos, através de ações de cura realizadas em associação com a prece *Migtsema*.

Em geral, há muitas pessoas que são prejudicadas por espíritos denominados "Behar". Esses espíritos entram no corpo das pessoas, fazendo com que fiquem insanas, interferindo com seu desenvolvimento espiritual ou causando morte prematura. Certa vez, enquanto Palden Sangpo estava fazendo um retiro de prece *Migtsema* em um local chamado Sepu, um espírito Behar começou a prejudicar uma rica família que vivia nas imediações. Muitos dos seus parentes já tinham sido mortos por tais espíritos, e agora esse espírito estava tentando entrar no corpo do filho dessa família. Os membros da família estavam muito preocupados e pediram a Palden Sangpo para

*Je Sherab Senge*

fazer com que o espírito parasse de prejudicar o filho deles. Palden Sangpo aceitou o pedido, e deu ao pai algumas contas do mala que tinha utilizado durante a sua recitação *Migtsema*. Palden Sangpo disse-lhe: "quando o espírito entrar no corpo do teu filho, coloca imediatamente uma conta em cada saída da tua casa. Isso fará o espírito gritar de terror e, se isso acontecer, chama-me". O pai fez exatamente como Palden Sangpo havia dito e, dessa maneira, prendeu o espírito em sua casa. O espírito ficou aterrorizado e gritava: "Eu quero fugir desta casa, mas muitos seres irados aterrorizantes e poderosos estão me impedindo".

O pai foi imediatamente chamar Palden Sangpo e pediu-lhe para vir à sua casa. Quando Palden Sangpo chegou, ele perguntou ao espírito: "Como pudeste prejudicar tantos seres sencientes--mães quando tu mesmo não podes suportar nem mesmo este pequeno sofrimento? A partir de agora, não deves prejudicar mais ninguém. Se não prometeres parar de prejudicar os outros, Yamantaka não permitirá que vás embora". O espírito respondeu: "Eu sigo as ordens do chefe dos espíritos Behar. Se eu não prejudicar alguém, meus poderes diminuirão e irei sofrer. Por favor, não exijas tanto de mim; por favor, reduz o meu compromisso". Palden Sangpo disse ao espírito "Deves, pelo menos, prometer a mim que não irás prejudicar ninguém que recite as preces *Ganden Lhagyema* ou *Migtsema*", e o espírito disse, "Sim, isso eu posso te prometer". Palden Sangpo recolheu então as contas do seu mala das saídas da casa, e o espírito deixou imediatamente o corpo do menino e fugiu. O menino voltou novamente ao normal e não sofreu mais. Posteriormente, as pessoas compreenderam claramente que quem recita as preces *Ganden Lhagyema* e *Migtsema* está protegido de ser prejudicado pelos espíritos Behar.

Tanto a prece *Ganden Lhagyema* quanto a prece *Migtsema* vêm da *Escritura Emanação Kadam*. Essa escritura, que é a mesma natureza que a sabedoria de Manjushri, não pode ser vista por seres comuns, e as instruções contidas nela não estão escritas em letras comuns. Assim, para que os seres comuns pudessem ver essas preces, Palden Sangpo escreveu-as em letras comuns, na forma de prosa. Posteriormente, Khedrub Sangye Gyatso escreveu as estrofes que agora recitamos.

Je Palden Sangpo transmitiu essa instrução a Gyuchen Gendunpai, que a transmitiu para Gyuchen Tashipa, que a transmitiu para Je Samdrub Gyatso, que a transmitiu para Tsondrupa, que a transmitiu para Dorje Sangpo, que a transmitiu para Khedrub Sangye Gyatso. Por fim, a instrução chegou a Je Phabongkhapa e a Vajradhara Trijang Rinpoche, Pai e Filho espirituais.

Essa linhagem é uma linhagem próxima incomum, transmitida de Buda Shakyamuni para Manjushri e, de Manjushri, diretamente para Je Tsongkhapa, Je Sherab Senge, e assim por diante. Pela bondade de Je Sherab Senge, Je Palden Sangpo e Khedrub Sangye Gyatso, essa instrução floresceu por todo o Tibete. Uma vez que esses lamas vêm de um local chamado Se, na região do Monastério Tashilhunpo, a linhagem é denominada "a Linhagem Segyu".

## OS BENEFÍCIOS DESTA PRÁTICA

Quando praticamos o Guru-Ioga de Je Tsongkhapa de acordo com a linhagem Segyu, meditamos em nosso Guru-raiz no aspecto de Je Tsongkhapa (a corporificação de Avalokiteshvara, Manjushri e Vajrapani), oferecemos os sete membros e a oferenda de mandala, fazemos pedidos com a prece *Migtsema* e, então, empenhamo-nos nas etapas da prática de meditações profundas. Ao praticar sinceramente dessa maneira, podemos pacificar todo o nosso carma negativo e obstáculos e aumentar nosso mérito, tempo de vida e realizações de Dharma. Em particular, porque Je Tsongkhapa é, ao mesmo tempo, uma emanação de Avalokiteshvara (a corporificação da compaixão de todos os Budas), Manjushri (a corporificação da sabedoria de todos os Budas) e Vajrapani (a corporificação do poder de todos os Budas), podemos aumentar facilmente nossas realizações de compaixão, sabedoria e poder espiritual. Dentre estas realizações, é especialmente importante aumentar nossa sabedoria, pois a sabedoria é o antídoto contra a ignorância, a raiz de todo o nosso sofrimento. Como Buda diz no

*Sutra Perfeição de Sabedoria*, aqueles que carecem de sabedoria são como pessoas cegas que experienciam continuamente problemas e sofrimentos porque não podem enxergar. O melhor método para aumentar nossa sabedoria e, assim, nos protegermos do sofrimento, é praticar o Guru-Ioga de Je Tsongkhapa, pois Je Tsongkhapa é uma manifestação da sabedoria de todos os Budas.

Se, sobre a base de pacificar nossa negatividade e obstáculos e de aumentar nosso tempo de vida, mérito, compaixão, sabedoria e poder espiritual, confiarmos nesta prática, obteremos facilmente todas as realizações de Sutra e de Tantra e, por fim, alcançaremos a União-do-Não-Mais-Aprender, ou Budeidade. Porque os seguidores de Je Tsongkhapa têm uma conexão especial com ele, todos estes resultados benéficos de ingressar na doutrina de Je Tsongkhapa podem ser alcançados com grande facilidade através de praticar este Guru-Ioga.

Como vimos acima, Palden Sangpo controlou os espíritos Behar, protegeu muitas pessoas da morte prematura e pacificou o sofrimento delas através da prática de recitar as preces *Ganden Lhagyema* e *Migtsema*. No relato mencionado acima, o espírito Behar viu as contas do mala de Palden Sangpo como apavorantes seres irados, que, na realidade, eram Yamantaka. Isto indica, claramente, que alcançar a realização de Je Tsongkhapa tem a mesma função que alcançar a realização de Yamantaka; recitar a prece *Migtsema* tem a mesma função que recitar o mantra de Yamantaka; meditar em Je Tsongkhapa tem a mesma função que meditar em Yamantaka; e assim por diante. "Yamantaka", ou "Shin je she" em tibetano, significa "oponente dos obstáculos exteriores, interiores e secretos". Assim, as práticas *Ganden Lhagyema* e *Migtsema* são métodos poderosos para pacificar esses três tipos de obstáculo. Obstáculos exteriores incluem danos causados por seres humanos ou por seres não humanos, perigos vindos dos elementos exteriores (tais como fogo e água), diferentes tipos de acidente, e ausência das condições necessárias para a prática espiritual. Obstáculos interiores incluem doenças, fortes delusões e pensamentos negativos que surgem em nossa mente. Obstáculos secretos são as aparências comuns, concepções comuns e a aparência dual sutil.

Embora Yamantaka e Je Tsongkhapa sejam manifestações de Manjushri, para os seguidores de Je Tsongkhapa as práticas *Ganden Lhagyema* e *Migtsema* são mais poderosas que a prática de Yamantaka. Há três razões para isso: (1) os seguidores de Je Tsongkhapa têm uma conexão direta com a doutrina de Je Tsongkhapa; (2) as práticas *Ganden Lhagyema* e *Migtsema* foram ensinadas diretamente pelo próprio Manjushri, e Je Tsongkhapa é o Guru principal dessa prática; e (3) a instrução *Ganden Lhagyema* e *Migtsema* tem a linhagem próxima incomum mencionada acima. Quando alcançarmos a realização da prática *Ganden Lhagyema* e *Migtsema*, teremos realizado não apenas as práticas de Manjushri pacífico e irado, mas também as práticas de Avalokiteshvara e de Vajrapani.

Mahasiddha Menkhangpa disse:

> O Dharma inequívoco é o Lamrim, o Lojong e o Mahamudra.

Neste contexto, "Mahamudra" refere-se ao Mahamudra Vajrayana, que contém as práticas do estágio de geração e do estágio de conclusão do Mantra Secreto. A instrução sobre estes três Dharmas (*Lamrim*, as etapas do caminho; *Lojong*, o treino da mente; e *Mahamudra*) é o coração da doutrina de Je Tsongkhapa e a verdadeira essência do Budadharma. Para obter as realizações desses três Dharmas, precisamos receber em nossa mente as poderosas bênçãos de Je Tsongkhapa por meio de nos empenharmos sinceramente na prática das preces *Ganden Lhagyema* e *Migtsema*.

Mahasiddha Menkhangpa e o Panchen-Lama, Palden Yeshe, escreveram onze instruções diferentes sobre práticas rituais de cura em associação com a prece *Migtsema*. Essas práticas são: (1) provocar chuva para as colheitas; (2) aglomerar nuvens; (3) curar a doença "*drib*", uma doença física causada por espíritos, que faz com que as pessoas caiam e fiquem inconscientes sem nenhuma razão visível; (4) evitar ferimentos produzidos por armas; (5) prevenir casos futuros de doença "*drib*"; (6) curar doenças do vento, também conhecidas como "*lung*"; (7) curar deficiências físicas e mentais; (8) proteger contra assaltantes, ladrões e inimigos; (9) pacificar obstáculos ao crescimento das colheitas, como insetos; (10) encontrar alimentos; e (11) pacificar obstáculos durante viagens. Aqueles que completaram um retiro-aproximador de ações de prece *Migtsema* podem fazer essas práticas de cura para beneficiar os outros.

Ao todo, há 108 práticas rituais associadas à prece *Migtsema*, que foram escritas por diferentes autores. Todas elas são métodos para ajudar os seres sencientes.

A prática *Migtsema* é muito importante para satisfazer os nossos próprios desejos e os desejos dos outros. Por não compreender os benefícios de recitar a prece *Migtsema*, muitas pessoas negligenciam ou fazem pouco caso dessa prática. Outros a ignoram, pensando tratar-se apenas de uma prática menor. Alguns chegam a pensar: "Essa é uma prática menor, ao passo que eu sou um grande praticante". Esse tipo de atitude é uma concepção errônea. Certa vez, um ministro da Mongólia pediu ao Panchen-Lama, Palden Yeshe, que desse a ele uma prática pequena para que pudesse fazê-la todo dia, pois era uma pessoa muito ocupada. O Panchen-Lama perguntou-lhe qual tipo de prática ele desejava, e o ministro mongol respondeu que gostaria de receber a instrução da prática *Migtsema*. O Panchen-Lama ficou surpreso e disse: "Como podes dizer que a prática *Migtsema* é uma prática pequena? Não há prática mais importante do que esta; ela contém o significado dos 84 mil ensinamentos de Buda!".

# *Acumular Mérito*

## A PRÁTICA PROPRIAMENTE DITA DA INSTRUÇÃO

**A prática propriamente** dita da instrução do Guru-Ioga de Je Tsongkhapa de acordo com a linhagem Segyu tem três partes:

1. A prática propriamente dita;
2. Uma explicação da prece *Migtsema*;
3. Como fazer um retiro-aproximador *Migtsema*.

A prática propriamente dita tem duas partes:

1. A prática durante a sessão de meditação;
2. A prática durante o intervalo entre as meditações.

A prática durante a sessão de meditação tem cinco partes:

1. As práticas preliminares de buscar refúgio e gerar bodhichitta;
2. Convidar o Campo para Acumular Mérito;
3. Acumular mérito;
4. Receber aquisições por meio de fazer pedidos;
5. Conclusão.

## AS PRÁTICAS PRELIMINARES DE BUSCAR REFÚGIO E GERAR BODHICHITTA

Este tópico tem quatro partes:

1. Os objetos de refúgio;
2. Gerar as causas de buscar refúgio;
3. A prece de buscar refúgio;
4. Gerar bodhichitta.

### OS OBJETOS DE REFÚGIO

Visualizamos os objetos de refúgio por meio de contemplar o seguinte:

*No espaço a minha frente, está Buda Shakyamuni vivo, rodeado por todos os Budas e Bodhisattvas, como a Lua cheia rodeada pelas estrelas.*

### GERAR AS CAUSAS DE BUSCAR REFÚGIO

Geramos as causas de buscar refúgio por meio de contemplar o seguinte:

*Eu e todas as minhas bondosas mães, temendo os tormentos do samsara, nos voltamos para Buda, Dharma e Sangha, as únicas fontes de refúgio. Doravante, até a iluminação, buscamos refúgio nas Três Joias.*

### A PRECE DE BUSCAR REFÚGIO

Tendo gerado as causas de refúgio, buscamos agora refúgio enquanto recitamos a seguinte prece três vezes:

*Eu e todos os seres sencientes, até alcançarmos a iluminação,*
*Nos refugiamos em Buda, Dharma e Sangha.*

## GERAR BODHICHITTA

Geramos então a motivação de bodhichitta, enquanto recitamos a seguinte prece três vezes:

*Pelas virtudes que coleto, praticando o dar e as outras perfeições,*
*Que eu me torne um Buda para o benefício de todos.*

## CONVIDAR O CAMPO PARA ACUMULAR MÉRITO

Nesta prática, os principais seres no Campo para Acumular Mérito são Je Tsongkhapa e seus dois discípulos principais, Gyaltsabje e Khedrubje. Je Tsongkhapa é uma manifestação de Manjushri, a natureza da sabedoria de todos os Budas; Gyaltsabje, uma manifestação de Avalokiteshvara, a natureza da compaixão de todos os Budas; e Khedrubje, uma manifestação de Vajrapani, a natureza do poder de todos os Budas.

Convidamos Je Tsongkhapa e seus dois Filhos espirituais para virem da Terra Alegre, Tushita, ao espaço a nossa frente. Como foi mencionado anteriormente, Je Tsongkhapa foi para Tushita após falecer, e, por essa razão, começamos visualizando-o juntamente com seus dois Filhos no coração de Buda Maitreya, nessa Terra Pura. Isso nos recorda de que Je Tsongkhapa e Buda Maitreya são o mesmo continuum mental.

Muitos elevados professores foram para a Terra Pura de Tushita após terem falecido. Atisha, por exemplo, disse aos seus discípulos fiéis: "Em minha próxima vida, irei para a Terra Alegre. Aqueles que têm fé em mim irão me encontrar lá". De acordo com o que havia dito, Atisha foi para a Terra Pura de Tushita após falecer, onde apareceu como o principal discípulo de Maitreya, chamado "Espaço

Imaculado" (Namkha Drime, em tibetano). Em Tushita, ele deu ensinamentos de Dharma aos seus discípulos e enviou muitas emanações a este mundo. Algum tempo depois, o principal discípulo de Atisha, Dromtonpa, fundou o Monastério Reting, e, durante o *puja* para abençoar o monastério, conhecido em tibetano como "*rabne puja*", pediu a Espaço Imaculado que abençoasse o monastério. Espaço Imaculado abençou-o, fazendo cair, de Tushita, flores sobre o telhado do monastério. Posteriormente, muitos praticantes da *antiga* Tradição Kadampa, incluindo o próprio Dromtonpa, escolheram renascer em Tushita para ficarem próximos de seu Guia Espiritual.

Assim como Atisha, Je Tsongkhapa também foi para a Terra Pura de Tushita, onde apareceu como o principal discípulo Bodhisattva de Maitreya, chamado "Essência de Manjushri" (Jampel Nyingpo, em tibetano). Ele deu muitos ensinamentos aos seus discípulos em Tushita e enviou incontáveis emanações a este mundo. Assim como muitos praticantes da *antiga* Tradição Kadampa escolheram renascer em Tushita para ficarem próximos de seu Guia Espiritual, Atisha, muitos praticantes da *nova* Tradição Kadampa, incluindo Khedrubje e Gyaltsabje, escolheram renascer nessa Terra Pura para ficarem próximos de Je Tsongkhapa.

Para formar uma imagem aproximada da Terra Pura de Tushita, podemos contemplar a seguinte descrição:

> *Ao norte deste continente, Jambudipa, está Monte Meru, que tem quatro níveis escalonados. No topo do Monte Meru, está a Terra dos Trinta e Três Paraísos, a segunda morada dos deuses do reino do desejo; no espaço acima dela, está a Terra Sem Combate, a terceira morada dos deuses do reino do desejo; e no espaço acima dela, está a Terra Alegre, a quarta morada dos deuses do reino do desejo. Logo acima deste reino do desejo, está a Terra Pura de Buda Maitreya, também conhecida como Terra Alegre, ou Tushita.*
>
> *Os seres que vivem na Terra Pura de Tushita não experienciam envelhecimento, doenças ou qualquer outro tipo de sofrimento,*

*e obtêm facilmente o que quer que necessitem. Nesse lugar, não há nem mesmo o som das palavras "pobreza" ou "luta", e não há o perigo vindo de fogo, água, vento ou terra. O ambiente é completamente puro, limpo e extremamente belo, e há muitos objetos de desfrute, tais como montanhas, árvores-que-satisfazem-os-desejos, belos lagos e lagoas. Nas árvores, muitos pássaros encantadores, que são emanações de Maitreya, cantam melodias que revelam o significado do Dharma. Há também uma grande diversidade de belos jardins, repletos de joias refinadas e de extrema beleza, flores celestiais e preciosas piscinas, nas quais jovens deuses e deusas afortunados brincam. O solo inteiro é feito de joias e é completamente puro e liso. Ao simplesmente tocar o solo, êxtase surge. No centro dessa Terra Pura, está o Palácio Yiga Chodzin, onde Buda Maitreya vive com seu séquito de milhares de Bodhisattvas.*

Para convidar Je Tsongkhapa Pai e Filhos ao espaço a nossa frente, começamos por visualizá-los no coração de Buda Maitreya, o que indica que eles virão do Corpo-Verdade de Maitreya, o espaço do Dharmakaya:

*Sobre um trono adornado com joias, sustentado por oito leões das neves, no Palácio Yiga Chodzin, senta-se Buda Maitreya, cujo corpo é dourado. Suas duas mãos estão na altura do coração, no gesto de girar a Roda do Dharma, e seguram flores de uma árvore naga. As flores sustentam uma roda e um vaso de gargalo longo. Maitreya está sentado em um trono, com seus pés tocando o chão, indicando sua prontidão para descer de Tushita para este mundo. No seu coração, está Je Tsongkhapa, com Gyaltsabje à sua direita e Khedrubje à esquerda. Eles estão sentados sobre um aglomerado de nuvens que se assemelham a uma massa de coalhada branca e fresca e que são manifestações da compaixão de Maitreya. Je Tsongkhapa e Filhos usam as vestes de cor açafrão de uma pessoa ordenada.*

Tendo visualizado isso claramente, recitamos a estrofe que está na *sadhana*, convidando Je Tsongkhapa e seus dois Filhos, juntamente com todos os Budas e Bodhisattvas, para virem ao espaço a nossa frente como objetos para acumularmos mérito. Imaginamos fortemente que, devido a nossa prece-convite, Je Tsongkhapa Pai e Filhos vêm das nuvens de compaixão, no coração de Maitreya, ao espaço a nossa frente:

*Nuvens brancas ondulam do coração de Maitreya e descem ao espaço a nossa frente, assim como um novelo de lã que se desenrola, com uma ponta do fio permanecendo conectada ao coração de Maitreya. Ao mesmo tempo, Je Tsongkhapa e seus dois Filhos descem e sentam-se em tronos sobre as nuvens.*

Esta maneira de convidar Je Tsongkhapa e seus Filhos é muito especial, pois indica que, do espaço do Corpo-Verdade de Maitreya, surgem nuvens de sua compaixão pelos seres deste mundo, e, como resultado, uma chuva de ensinamentos de Dharma desce continuamente, através de Je Tsongkhapa e de suas emanações, sobre os seres deste mundo.

Neste ponto, visualizamos como segue:

*No espaço a nossa frente, há três tronos adornados com joias, com o trono central ligeiramente mais elevado que os outros dois. Cada trono está sustentado por oito leões-das-neves. Sobre um lótus e almofadas de lua e de sol, no trono central, senta-se nosso Guru-raiz no aspecto de Je Tsongkhapa, que é a corporificação de Manjushri, Avalokiteshvara e Vajrapani. Sobre um lótus e almofadas de lua e de sol, no trono a sua direita (nossa esquerda), senta-se Gyaltsabje, que é uma manifestação de Avalokiteshvara. Sobre um lótus e almofadas de lua e de sol, no trono a sua esquerda (nossa direita), senta-se Khedrubje, que é uma manifestação de Vajrapani.*

*Seus corpos são feitos de luz-sabedoria, e são brancos com um matiz avermelhado. Eles usam as três vestes de uma pessoa ordenada, significando que concluíram a perfeição das três disciplinas morais; e usam chapéus amarelos de abas longas, significando que concluíram a perfeição de sabedoria. Estão sentados em tronos adornados com joias, sustentados por oito leões que simbolizam seus quatro destemores, em geral, e suas quatro proteções que protegem os seres sencientes dos quatro maras, em particular. O lótus e as almofadas de lua e de sol significam sua completa pureza de corpo e mente, sua bodhichitta convencional e sua bodhichitta última, respectivamente. Estão sentados em postura vajra, indicando que alcançaram a União-do-Não-Mais-Aprender.*

*As duas mãos de Je Tsongkhapa, na altura do coração e no gesto de girar a Roda do Dharma, indicam que ele pode eliminar a ignorância dos seres sencientes por meio de dar ensinamentos a eles. Ele segura caules de flores upala, que sustentam uma espada-sabedoria e uma escritura do* Sutra Perfeição de Sabedoria em Oito Mil Versos. *Isso significa que Je Tsongkhapa ensina, principalmente, a profunda visão Madhyamika-Prasangika explicada nos* Sutras Perfeição de Sabedoria *(simbolizada pela escritura) através de sua sabedoria onisciente (simbolizada pela espada), motivado por amor e compaixão (simbolizados pelas duas flores). A mão direita dos dois Filhos está na altura dos seus corações no gesto de expor o Dharma, e a mão esquerda, no gesto do equilíbrio meditativo, está segurando escrituras, significando que a doutrina de Je Tsongkhapa irá se difundir pelo mundo inteiro.*

*Sobre um lótus e uma almofada de lua, no centro do chakra da coroa de Je Tsongkhapa, está Manjushri, com um corpo alaranjado, uma face e dois braços. Sobre um lótus e uma almofada de lua, no centro do chakra da garganta, está Avalokiteshvara, com um corpo branco, uma face e quatro braços. Sobre um lótus e uma almofada de sol, no centro do chakra do coração, está Vajrapani, com um corpo azul, uma face e dois braços. Todos eles estão completos com suas características habituais, tais como ornamentos, roupas, gestos e implementos. Je Tsongkhapa e seus dois Filhos estão rodeados por todos os Budas e Bodhisattvas.*

Visualizando desse modo, devemos acreditar fortemente que Je Tsongkhapa e todos os demais seres sagrados estão realmente presentes no espaço a nossa frente, e gerar uma mente de profunda fé.

Visto que Maitreya é um ser iluminado, ele é o Protetor de todos os seres sencientes, mas a sadhana diz que Maitreya é o "Protetor das centenas de Deidades da Terra Alegre". Isso indica que as centenas de milhões de seres afortunados que residem na Terra Pura de Tushita têm uma oportunidade especial de receber ensinamentos diretamente de Maitreya. As palavras "Rei do Dharma" significam que Je Tsongkhapa é como o ornamento-coroa de todos os professores de Dharma no Tibete, e que os seus ensinamentos de Dharma são o rei de todos os ensinamentos.

## ACUMULAR MÉRITO

Oferecemos agora a prática dos sete membros a Je Tsongkhapa e a todos os demais seres sagrados, de modo a acumularmos uma vasta coleção de mérito que nos possibilitará satisfazer todas as nossas esperanças e desejos espirituais. Por auspiciosidade, começamos com o membro "rogar ao Guia Espiritual que permaneça por um longo tempo", que, normalmente, é recitado como o quinto membro.

## ROGAR AO GUIA ESPIRITUAL QUE PERMANEÇA POR UM LONGO TEMPO

Se os Guias Espirituais, que conduzem os seres sencientes pelos caminhos espirituais, não mais aparecessem neste mundo, as pessoas deste mundo não teriam nenhuma oportunidade de buscar refúgio ou de acumular mérito, e não haveria possibilidade alguma de escaparem dos sofrimentos do samsara e de obterem felicidade pura. Do ponto de vista espiritual, o mundo estaria mergulhado na escuridão. Assim, para impedir que isso aconteça, fazemos agora pedidos aos seres sagrados, os Budas, para que permaneçam por incontáveis éons como emanações que conduzam os seres sencientes pelo caminho espiritual. Essa prática é um método muito profundo para acumular mérito e extremamente importante para a felicidade futura dos seres sencientes.

Acreditamos fortemente que Je Tsongkhapa, no espaço a nossa frente, é em essência nosso Guia Espiritual, e imaginamos que ele está sorrindo para nós com deleite, como uma mãe deleitada com seu filho querido. Visualizamos Je Tsongkhapa rodeado por todos os Gurus, Yidams, Budas e Bodhisattvas e, ao recitar a prece da sadhana, pedimos a todos eles, do fundo do nosso coração, que permaneçam com os seres samsáricos até que o samsara cesse. Pedimos a eles que permaneçam como nosso supremo Campo para Acumular Mérito, de modo que possamos plantar as sementes de fé, cultivar as plantações das coleções de mérito e de sabedoria, e desfrutar da colheita última da plena iluminação.

## PROSTRAÇÃO

Prostrações são um método poderoso para purificar carma negativo, doenças e obstáculos, e para aumentar nosso mérito, nossa felicidade e nossas realizações de Dharma. Temporariamente, as prostrações melhoram nossa saúde física e, por fim, elas fazem com que alcancemos o Corpo-Forma de um Buda. Gerar fé nos seres sagrados é uma prostração mental, recitar louvores a eles é uma prostração verbal, e mostrar-lhes respeito com o nosso corpo é uma prostração física. Podemos fazer prostrações físicas prostrando respeitosamente nosso corpo por inteiro no chão; ou tocando respeitosamente o chão com os nossos joelhos, palmas e testa; ou juntando respeitosamente nossas mãos na altura do nosso coração.

*Palden Sangpo*

Para fazer prostrações especiais a Je Tsongkhapa, começamos contemplando as preeminentes qualidades da sua mente, da sua fala e do seu corpo. Visto que Je Tsongkhapa abandonou as obstruções à onisciência, sua mente conhece todos os fenômenos, sem exceção, e ele realiza todas as verdades convencionais e todas as verdades últimas de modo claro, direto e simultâneo. Simplesmente ouvir a fala de Je Tsongkhapa faz com que seres afortunados experienciem felicidade pura, pois, para eles, sua fala é um ornamento-orelha supremo que suscita êxtase incontaminado. O corpo de Je Tsongkhapa é extremamente agradável de contemplar, pois é adornado com todos os sinais maiores e as indicações menores do Corpo-Forma de um Buda. Assim, por simplesmente olhar o corpo de Je Tsongkhapa ou uma imagem dele, ouvir a fala de Je Tsongkhapa ou seus ensinamentos, ou simplesmente recordar suas boas qualidades, acumulamos uma vasta coleção de mérito e de sabedoria. Relembrando isso, geramos profunda fé em Je Tsongkhapa e, então, para fazermos poderosas prostrações a ele, imaginamos que de cada poro do nosso corpo emanamos outro corpo, e de cada poro desses corpos emanamos mais corpos ainda, até que nossos corpos emanados preencham o mundo inteiro. Então, enquanto recitamos a estrofe da sadhana, acreditamos fortemente que todos esses incontáveis corpos fazem prostrações a Je Tsongkhapa, o principal Campo para Acumular Mérito, e a todos os demais Gurus, Yidams, Budas, Bodhisattvas, Dakas, Dakinis e Protetores do Dharma.

## OFERENDA

Imaginamos que todos os oceanos, lagos, lagoas, fontes e rios existentes no mundo transformam-se em néctar para beber, água pura para banhar, e perfume. Pensamos que todas essas águas puras, juntamente com todas as flores, incenso, luz, alimentos e música existentes no mundo, têm a natureza de excelsa sabedoria e fazem com que os seres sagrados experienciem êxtase incontaminado. Então, oferecemos todas essas substâncias, cada uma em seu próprio aspecto (tal como néctar para beber, água para banhar, e assim por diante) aos sagrados Gurus – Je Tsongkhapa e seu séquito – enquanto recitamos a estrofe da sadhana.

## PURIFICAÇÃO

Desde tempos sem início, temos criado muitas negatividades através das nossas ações físicas, verbais e mentais. Se essas ações amadurecerem em nós, elas resultarão em incontáveis renascimentos que teremos como seres-do-inferno, espíritos famintos e animais. Além disso, em nossas vidas passadas, quebramos muitas vezes nossos compromissos espirituais e os três conjuntos de votos – os votos Pratimoksha, os votos bodhisattva e os votos tântricos. O resultado dessas transgressões será que nosso progresso espiritual sofrerá atraso e encontraremos muita dificuldade para obter realizações. Compreendendo isso, geramos um profundo arrependimento e decidimos, muito fortemente, não repetir tais ações no futuro. Com esse pensamento, purificamos nossas negatividades confessando-as aos seres sagrados, por meio de recitar a estrofe da sadhana.

## REGOZIJO

Em sua autobiografia, Je Tsongkhapa diz que, primeiro, estudou extensivamente o Dharma; depois, realizou que todos os ensinamentos de Buda são conselhos pessoais; e que, por fim, obteve profundas realizações de Dharma por meio de praticá-lo dia e noite. Ele dedicou então todas as suas atividades para o florescimento do puro Budadharma. Em resumo, Je Tsongkhapa mostrou, nesta época degenerada, o melhor exemplo para os praticantes de Dharma seguirem. Ele ensinou o que o puro Budadharma é, como estudar e praticar o Dharma, e como alcançar realizações completas. Contemplando isso, regozijamo-nos, do fundo do nosso coração, com os seus grandes feitos, enquanto recitamos a estrofe da sadhana.

## PEDIR QUE GIRE A RODA DO DHARMA

Buda Shakyamuni demonstrou a maneira de alcançar a grande libertação da plena iluminação em Bodh Gaya, mas se ele não tivesse ensinado subsequentemente o Dharma que experienciou, as pessoas deste mundo não teriam nenhuma chance de se libertarem do oceano de sofrimento samsárico. Por essa razão, enquanto Buda estava em equilíbrio meditativo, os deuses Brahma e Indra fizeram o seguinte pedido a ele:

> Sem um Protetor que proporcione proteção,
> Os cegos migrantes deste mundo cairão nos reinos inferiores;
> Ó Tesouro de Compaixão, por favor, sai de tua meditação
> E gira a Roda do Dharma.

Como resultado de Brahma e Indra terem feito esse pedido, Buda deu muitos ensinamentos de Dharma, que são o remédio para curar as doenças das delusões. Desde esse momento até agora, incontáveis seres têm alcançado libertação completa do sofrimento samsárico por meio de praticar sinceramente os ensinamentos de Buda. De modo semelhante, embora haja muitas emanações de Je Tsongkhapa no mundo, se elas não ensinarem o Dharma de Je Tsongkhapa, as pessoas deste mundo não terão chance de ouvir esse Dharma especial, de colocá-lo em prática e de obter realizações puras. Portanto, ao recitar a estrofe da sadhana, fazemos um pedido especial para que a Roda do Dharma seja girada.

## DEDICATÓRIA

Há uma prece que diz:

> Por eu montar o cavalo da virtude,
> Conduzi-lo pelos caminhos corretos com as rédeas da
> dedicatória,
> E instigá-lo com o chicote do esforço alegre,
> Que todos os seres alcancem a cidade da grande libertação.

Visto que a aquisição da grande libertação depende do florescimento do puro Budadharma, dedicamos todas as nossas virtudes para esse fim e rezamos para que todos os seres sencientes alcancem, por meio disso, a grande iluminação. Recitamos a estrofe da sadhana.

## OFERECER O MANDALA

A palavra "mandala", neste contexto, significa "universo". Quando oferecemos um mandala aos seres sagrados, estamos oferecendo tudo – o universo inteiro, com todos os seus objetos e todos os seres que habitam nele. Visto que o mérito que criamos quando fazemos uma oferenda corresponde à natureza da oferenda, transformamos mentalmente o universo inteiro numa Terra Pura e imaginamos que todos os seus objetos são substâncias preciosas. Imaginamos então que estamos oferecendo esse universo puro em nossas mãos.

Certa vez, uma criança encheu uma vasilha com areia e, imaginando que a areia fosse ouro, ofereceu-a a Buda Kashyapa. Como resultado dessa oferenda pura, a criança renasceu como o rico Rei Ashoka. Do mesmo modo, se oferecermos o mundo como uma Terra Pura, repleta de objetos requintados e símbolos preciosos, experienciaremos resultados puros e especiais. Se desejarmos experienciar felicidade no futuro e, especialmente, se temos o desejo de aquisições espirituais, devemos oferecer um mandala todos os dias.

Para mais informações sobre a prática dos sete membros e a oferenda de mandala, consultar o livro *Caminho Alegre da Boa Fortuna*.

# *Receber Aquisições*

**Receber aquisições por** meio de fazer pedidos tem duas partes:

1. Fazer pedidos;
2. Receber aquisições.

## FAZER PEDIDOS

Neste contexto, há três maneiras de fazer pedidos:

1. Fazer pedidos, considerando as qualidades exteriores de Je Tsongkhapa;
2. Fazer pedidos, considerando as qualidades interiores de Je Tsongkhapa;
3. Fazer pedidos, considerando as qualidades secretas de Je Tsongkhapa.

### FAZER PEDIDOS, CONSIDERANDO AS QUALIDADES EXTERIORES DE JE TSONGKHAPA

Avalokiteshvara, Manjushri e Vajrapani são, dentre todos os Bodhisattvas, incomparáveis em relação às qualidades de conhecimento das escrituras e dos meios habilidosos para ensinar os outros. De modo semelhante, em relação a essas mesmas qualidades, Je Tsongkhapa, ou Losang Dragpa, é incomparável dentre todos os eruditos do Tibete. Cientes disso, fazemos pedidos, com profunda fé, recitando a seguinte prece *Migtsema*:

*Tsongkhapa, ornamento-coroa dos eruditos da Terra das Neves,*
*Tu és Avalokiteshvara, o tesouro de inobservável compaixão,*
*Manjushri, a suprema sabedoria imaculada,*
*E Vajrapani, o destruidor das hostes de maras.*
*Ó Losang Dragpa, peço a ti, por favor, concede tuas bênçãos.*
*Tu tens conhecimento de todas as escrituras;*
*Por favor, abençoa-me, para que eu me torne igual a ti.*

## FAZER PEDIDOS, CONSIDERANDO AS QUALIDADES INTERIORES DE JE TSONGKHAPA

Avalokiteshvara, Manjushri e Vajrapani são, dentre todos os Bodhisattvas, incomparáveis em relação às suas realizações interiores. De modo semelhante, visto que também possui todas essas realizações, Je Tsongkhapa é incomparável dentre todos os eruditos do Tibete. Cientes disso, fazemos pedidos, com profunda fé, recitando a seguinte prece *Migtsema*:

*Tsongkhapa, ornamento-coroa dos eruditos da Terra das Neves,*
*Tu és Avalokiteshvara, o tesouro de inobservável compaixão,*
*Manjushri, a suprema sabedoria imaculada,*
*E Vajrapani, o destruidor das hostes de maras.*
*Ó Losang Dragpa, peço a ti, por favor, concede tuas bênçãos.*
*Tu alcançaste todas as realizações;*
*Por favor, abençoa-me, para que eu me torne igual a ti.*

## FAZER PEDIDOS, CONSIDERANDO AS QUALIDADES SECRETAS DE JE TSONGKHAPA

Manjushri é a essência da sabedoria de todos os Budas, Avalokiteshvara é a essência da compaixão de todos os Budas, Vajrapani é a essência do poder espiritual de todos os Budas, e Je Tsongkhapa é a síntese destes três seres sagrados. Cientes disso, fazemos pedidos, com profunda fé, recitando a seguinte prece *Migtsema*:

*Tsongkhapa, ornamento-coroa dos eruditos da Terra das Neves,*
*Tu és Avalokiteshvara, o tesouro de inobservável compaixão,*
*Manjushri, a suprema sabedoria imaculada,*
*E Vajrapani, o destruidor das hostes de maras.*
*Ó Losang Dragpa, peço a ti, por favor, concede tuas bênçãos.*
*Tu és a síntese de todos estes seres sagrados;*
*Por favor, abençoa-me, para que eu me torne igual a ti.*

Quando estamos enfatizando o estudo das escrituras de Dharma, recitamos principalmente a primeira versão da prece *Migtsema*; quando estamos enfatizando obter realizações através de nos empenharmos nas práticas efetivas, recitamos principalmente a segunda versão; e quando estamos enfatizando a prática do Mantra Secreto, recitamos principalmente a terceira versão.

## RECEBER AQUISIÇÕES

Este tópico tem duas partes:

1. Purificar impurezas;
2. Alcançar sabedoria e obter as realizações das etapas do caminho.

## PURIFICAR IMPUREZAS

Enquanto recitamos a prece *Migtsema* e nos concentramos no seu significado, pedimos sinceramente a Je Tsongkhapa e a seus dois Filhos que eliminem a escuridão interior da nossa ignorância e demais delusões e purifiquem todo o nosso carma negativo e obstáculos. Imaginamos então que raios de luz branca, ocos como canudos de beber, irradiam-se dos corações do Venerável Pai e Filhos. Em nossa coroa, as extremidades dos três raios de luz fundem-se e tornam-se um só. Imaginamos então fortemente que, do coração de Je Tsongkhapa e de seus dois Filhos, flui, através dos raios de luz, um néctar-sabedoria branco no aspecto de leite, e esse néctar entra em nosso corpo pela nossa coroa. Nosso corpo é preenchido com luz e néctar-sabedoria, que purifica nossa ignorância e todas as demais delusões, assim como todo o nosso carma negativo e obstáculos. Nosso corpo inteiro torna-se da natureza de luz-sabedoria. Meditamos estritamente focados nessa sensação pelo maior tempo possível.

## ALCANÇAR SABEDORIA E OBTER AS REALIZAÇÕES DAS ETAPAS DO CAMINHO

Este tópico tem duas partes:

1. Alcançar sabedoria;
2. Obter as realizações das etapas do caminho.

## ALCANÇAR SABEDORIA

Este tópico tem duas partes:

1. Uma introdução aos sete tipos de sabedoria;
2. A prática propriamente dita.

## UMA INTRODUÇÃO AOS SETE TIPOS DE SABEDORIA

Podemos alcançar sete tipos de sabedoria:

1. Grande sabedoria;
2. Sabedoria clara;
3. Sabedoria rápida;
4. Sabedoria profunda;
5. A sabedoria de expor o Dharma;
6. A sabedoria do debate espiritual;
7. A sabedoria de escrever livros de Dharma.

## GRANDE SABEDORIA

Se pudermos compreender de modo fácil, perfeito e sem dificuldade todos os objetos que precisamos abandonar (tais como os verdadeiros sofrimentos e as verdadeiras origens) e todos os objetos que precisamos alcançar (tais como as verdadeiras cessações e os verdadeiros caminhos), isso indicará que temos grande sabedoria.

## SABEDORIA CLARA

Se pudermos distinguir claramente as características sutis dos fenômenos, tais como as dezesseis características das Quatro Nobres Verdades, isso indicará que temos sabedoria clara.

## SABEDORIA RÁPIDA

Sempre que dúvidas, concepções errôneas ou desconhecimento se manifestarem em nossa mente e pudermos eliminá-los rapidamente por meio de obtermos uma compreensão perfeita da natureza efetiva desses objetos, isso indicará que temos sabedoria rápida.

## SABEDORIA PROFUNDA

Se pudermos compreender perfeitamente e sem nenhuma dificuldade todos os significados profundos das escrituras, isso indicará que temos sabedoria profunda.

## A SABEDORIA DE EXPOR O DHARMA

Quando estamos dando ensinamentos de Dharma, precisamos de uma sabedoria especial que compreende o quanto os ouvintes podem entender e quais temas são adequados para eles. Além disso, precisamos compreender a sequência correta dos temas sobre os quais iremos falar – o que dizer primeiro, o que dizer em seguida, e assim por diante. Precisamos compreender perfeitamente o significado de tudo o que iremos falar, e precisamos ter uma compreensão de métodos especiais, tais como analogias adequadas e raciocínios conclusivos, que irão clarificar o significado para os que nos ouvem. Além disso, precisamos também compreender quais qualidades precisamos para nos tornar um professor perfeito, e como ensinar o Dharma da maneira como está explicado nos ensinamentos de Lamrim. A sabedoria que compreende tudo isso é a sabedoria de expor o Dharma.

## A SABEDORIA DO DEBATE ESPIRITUAL

Visto que há muitas visões diferentes no mundo, tanto religiosas quanto não religiosas, que são contrárias às visões apresentadas nos ensinamentos de Dharma, precisamos de uma sabedoria especial que compreende os métodos para desfazer tais visões através de um debate espiritual habilidoso. Desse modo, poderemos conduzir muitas pessoas para caminhos espirituais corretos, assim como Dharmakirti era capaz de conduzir muitas pessoas para visões corretas por meio de se empenhar em ações tais como as de debate espiritual.

## A SABEDORIA DE ESCREVER LIVROS DE DHARMA

Os livros de Dharma são os olhos através dos quais os seres sencientes podem ver os caminhos espirituais à libertação e à iluminação; são a luz por meio da qual podem eliminar a escuridão da ignorância; e são o Guia Espiritual, de quem podem receber conselhos confiáveis. Portanto, escrever livros de Dharma autênticos traz imenso benefício para muitos seres vivos e faz com que o Budadharma permaneça por longo tempo neste mundo. No entanto, para escrever livros de Dharma autênticos, precisamos de uma sabedoria especial. Precisamos de um entendimento perfeito do assunto e de confiança para escrever sobre ele, e precisamos também das sabedorias surgidas de ouvir, contemplar e meditar. Com tudo isso, podemos desenvolver a sabedoria especial que tem a habilidade completa para escrever livros de Dharma.

## A PRÁTICA PROPRIAMENTE DITA

A prática propriamente dita de receber aquisições tem sete partes: receber a aquisição da grande sabedoria, e assim por diante.

## RECEBER A AQUISIÇÃO DA GRANDE SABEDORIA

Primeiro, por meio de recitar a prece *Migtsema*, fazemos fortes pedidos ao Venerável Pai e Filhos, de modo que possamos ser capazes de alcançar a realização da grande sabedoria. Imaginamos então que, dos corações de Je Tsongkhapa e de seus dois Filhos, vêm raios de luz branca, ocos como canudos de beber, e que esses raios de luz fundem-se em um único raio de luz, no ponto onde as suas extremidades tocam a coroa da nossa cabeça. Imaginamos que a grande sabedoria do Venerável Pai e Filhos, no aspecto de um néctar alaranjado, flui de seus corações pelos raios de luz e entra em nosso corpo pela nossa coroa. Nosso corpo é totalmente preenchido com néctar, cujos átomos estão todos no aspecto de minúsculos Manjushris. De todos esses minúsculos corpos de Manjushri, que são os seres-de-compromisso, infinitos raios de luz irradiam para as dez direções e atraem a grande sabedoria de todos os Budas sob o aspecto de Corpos-Forma de Manjushri. Esses seres-de-sabedoria dissolvem-se nos minúsculos seres-de-compromisso em nosso corpo e tornam-se inseparavelmente *um* com eles. Todos esses incontáveis minúsculos Manjushris dissolvem-se então em nossa mente-raiz, em nosso coração. Nossa mente-raiz e os minúsculos Manjushris fundem-se completamente, como água misturando-se com água, e imaginamos fortemente que recebemos a grande sabedoria de todos os Budas. Meditamos estritamente focados nessa sensação por algum tempo.

## RECEBER A AQUISIÇÃO DA SABEDORIA CLARA

Começamos pedindo a aquisição da sabedoria clara, por meio de recitar a prece *Migtsema*. A visualização básica é a mesma apresentada

*Je Sangye Gyatso*

acima, exceto que, agora, visualizamos a sabedoria clara de Je Tsongkhapa e de seus Filhos fluindo de seus corações na forma de um néctar alaranjado cujos átomos estão todos no aspecto de minúsculas letras do mantra de Manjushri: OM AH RA PA TSA NA DHI. O néctar preenche completamente o nosso corpo, e todas as minúsculas letras emanam infinitos raios de luz para as dez direções, atraindo a sabedoria clara de todos os Budas sob o aspecto das letras do mantra. Os seres-de-sabedoria dissolvem-se nos seres-de-compromisso como antes, e então todas as incontáveis minúsculas letras OM AH RA PA TSA NA DHI dissolvem-se em nossa mente-raiz, em nosso coração, e fundem-se inseparavelmente com ela. Imaginamos fortemente que recebemos a sabedoria clara de todos os Budas, e meditamos estritamente focados nessa sensação por algum tempo.

## RECEBER A AQUISIÇÃO DA SABEDORIA RÁPIDA

Começamos pedindo a aquisição da sabedoria rápida, por meio de recitar a prece *Migtsema*. Visualizamos então a sabedoria rápida de Je Tsongkhapa e de seus dois Filhos fluindo de seus corações na forma de um néctar alaranjado, cujos átomos estão todos no aspecto de minúsculas letras-sementes DHI. O néctar preenche completamente o nosso corpo, e todas as minúsculas letras DHI emanam infinitos raios de luz para as dez direções, atraindo a sabedoria rápida de todos os Budas sob o aspecto de letras-sementes DHI. Os seres-de-sabedoria dissolvem-se nos seres-de-compromisso como antes, e então todas as incontáveis minúsculas letras DHI dissolvem-se em nossa mente-raiz, em nosso coração, e fundem-se inseparavelmente com ela. Imaginamos fortemente que recebemos a sabedoria rápida de todos os Budas, e meditamos estritamente focados nessa sensação por algum tempo.

## RECEBER A AQUISIÇÃO DA SABEDORIA PROFUNDA

Começamos pedindo a aquisição da sabedoria profunda, por meio de recitar a prece *Migtsema*. Visualizamos então a sabedoria profunda de Je Tsongkhapa e de seus dois Filhos fluindo de seus corações na forma de um néctar alaranjado, cujos átomos estão todos no aspecto de minúsculas escrituras de Dharma e de espadas-sabedoria de Manjushri. O néctar preenche completamente o nosso corpo, e todas as minúsculas escrituras e espadas emanam infinitos raios de luz para as dez direções, atraindo a sabedoria profunda de todos os Budas sob o aspecto de escrituras de Dharma e de espadas-sabedoria de Manjushri. Os seres-de-sabedoria dissolvem-se nos seres-de-compromisso como antes, e então todas as incontáveis minúsculas escrituras e espadas dissolvem-se em nossa mente-raiz, em nosso coração, e fundem-se inseparavelmente com ela. Imaginamos fortemente que recebemos a sabedoria profunda de todos os Budas, e meditamos estritamente focados nessa sensação por algum tempo.

## RECEBER A AQUISIÇÃO DA SABEDORIA DE EXPOR O DHARMA

Começamos pedindo a aquisição da sabedoria de expor o Dharma, por meio de recitar a prece *Migtsema*. Visualizamos então a sabedoria de Je Tsongkhapa e de seus dois Filhos de expor o Dharma fluindo de seus corações na forma de um néctar alaranjado, cujos átomos estão todos no aspecto dos livros de Dharma que iremos explicar. O néctar preenche completamente o nosso corpo, e todos os minúsculos livros emanam infinitos raios de luz para as dez direções, atraindo, de todos os Budas, a sabedoria de expor o Dharma sob o aspecto dos livros que iremos explicar. Os seres-de-sabedoria dissolvem-se nos seres-de-compromisso como antes, e então todos os incontáveis minúsculos livros dissolvem-se em nossa mente-raiz, em nosso coração, e fundem-se inseparavelmente com ela. Imaginamos fortemente que recebemos, de todos os Budas, a sabedoria de expor o Dharma, e meditamos estritamente focados nessa sensação por algum tempo.

## RECEBER A AQUISIÇÃO DA SABEDORIA DO DEBATE ESPIRITUAL

Começamos pedindo a aquisição da sabedoria do debate espiritual, por meio de recitar a prece *Migtsema*. Visualizamos então a sabedoria do debate espiritual de Je Tsongkhapa e de seus dois Filhos fluindo de seus corações na forma de um néctar alaranjado, cujos átomos estão todos no aspecto de minúsculas rodas de espadas. O néctar preenche completamente o nosso corpo, e todas as minúsculas rodas de espadas emanam infinitos raios de luz para as dez direções, atraindo a sabedoria do debate espiritual de todos os Budas sob o aspecto de rodas de espadas. Os seres-de-sabedoria dissolvem-se nos seres-de-compromisso como antes, e então todas as incontáveis minúsculas rodas de espadas dissolvem-se em nossa mente-raiz, em nosso coração, e fundem-se inseparavelmente com ela. Imaginamos fortemente que recebemos a sabedoria do debate espiritual de todos os Budas, e meditamos estritamente focados nessa sensação por algum tempo.

## RECEBER A AQUISIÇÃO DA SABEDORIA DE ESCREVER LIVROS DE DHARMA

Começamos pedindo a aquisição da sabedoria de escrever livros de Dharma, por meio de recitar a prece *Migtsema*. Visualizamos então a sabedoria de escrever livros de Dharma fluindo dos corações de Je Tsongkhapa e de seus dois Filhos na forma de um néctar alaranjado, cujos átomos estão todos no aspecto de minúsculos livros de Dharma sobre o assunto que iremos escrever e de minúsculas rodas de espadas. O néctar preenche completamente o nosso corpo, e todos os minúsculos livros e rodas de espadas emanam infinitos raios de luz para as dez direções, atraindo, de todos os Budas, a sabedoria de escrever livros de Dharma, sob o aspecto de livros e rodas de espadas. Os seres-de-sabedoria dissolvem-se nos seres-de-compromisso como antes, e então todos os incontáveis minúsculos livros e rodas de espadas dissolvem-se em nossa mente-raiz, em nosso coração, e fundem-se inseparavelmente com ela. Imaginamos fortemente que recebemos, de todos os Budas, a sabedoria de escrever livros de Dharma, e meditamos estritamente focados nessa sensação por algum tempo.

## OBTER AS REALIZAÇÕES DAS ETAPAS DO CAMINHO

Agora, ao recitar a prece *Migtsema*, fazemos fortes pedidos para que sejamos capazes de alcançar todas as realizações das etapas do caminho. Então, enquanto nos concentramos sem distrações no significado do que estamos dizendo, recitamos a *Prece das Etapas do Caminho*, escrita por Je Tsongkhapa, conhecida em tibetano como *Yonten Zhirgyurma*:

*O caminho começa com firme confiança*
*No meu bondoso mestre, fonte de todo bem;*
*Ó, abençoa-me com essa compreensão*
*Para segui-lo com grande devoção.*

*Esta vida humana, com todas as suas liberdades,*
*Extremamente rara, com tanta significação;*
*Ó, abençoa-me com essa compreensão,*
*Dia e noite, para captar a sua essência.*

*Meu corpo, qual bolha-d'água,*
*Decai e morre tão rapidamente;*
*Após a morte, vêm os resultados do carma,*
*Qual sombra de um corpo.*

*Com esse firme conhecimento e lembrança,*
*Abençoa-me, para ser extremamente cauteloso,*
*Evitando sempre ações nocivas*
*E reunindo abundante virtude.*

*Os prazeres do samsara são enganosos,*
*Não trazem contentamento, apenas tormentos;*

*Abençoa-me, para ter o esforço sincero*
*Para obter o êxtase da liberdade perfeita.*

*Ó, abençoa-me, para que desse pensamento puro*
*Resulte contínua-lembrança e imensa cautela,*
*A fim de manter como minha prática essencial*
*A raiz da doutrina, o Pratimoksha.*

*Assim como eu, todas as minhas bondosas mães*
*Estão se afogando no oceano do samsara;*
*Para que logo eu possa libertá-las,*
*Abençoa-me, para treinar a bodhichitta.*

*Mas não posso tornar-me um Buda*
*Apenas com isso, sem as três éticas;*
*Assim, abençoa-me com a força de praticar*
*Os votos do Bodhisattva.*

*Por pacificar minhas distrações*
*E analisar perfeitos sentidos,*
*Abençoa-me, para logo alcançar a união*
*Da visão superior com o tranquilo-permanecer.*

*Quando me tornar um puro recipiente*
*Pelos caminhos comuns, abençoa-me, para ingressar*
*Na essência da prática da boa fortuna,*
*O supremo veículo, Vajrayana.*

*As duas conquistas dependem, ambas,*
*De meus sagrados votos e compromissos;*
*Abençoa-me, para entender isso claramente*
*E conservá-los à custa da minha vida.*

*Por sempre praticar em quatro sessões*
*A via explicada pelos santos mestres,*
*Ó, abençoa-me, para obter ambos os estágios*
*Que são a essência dos Tantras.*

*Je Phabongkhapa*

*Que os que me guiam no bom caminho*
*E meus companheiros tenham longas vidas;*
*Abençoa-me, para pacificar inteiramente*
*Todos os obstáculos internos e externos.*

*Que eu sempre encontre perfeitos mestres*
*E deleite-me no sagrado Dharma,*
*Conquiste todos os solos e caminhos velozmente*
*E obtenha o estado de Vajradhara.*

Depois disso, recitamos a prece para receber bênçãos e purificar:

*Do coração de todos os seres sagrados, fluem correntes de luz e néctar, concedendo bênçãos e purificando.*

Se associarmos nossas meditações de Lamrim com essa prática, alcançaremos gradualmente todas as realizações das etapas do caminho.

## CONCLUSÃO

Damos início às etapas conclusivas, imaginando que a nossa mente está no aspecto de uma letra DHI laranja, em pé sobre um lótus de oito pétalas e uma almofada de lua, dentro do canal central, no centro do nosso coração. Fazemos então o seguinte pedido:

*Ó Glorioso e precioso Guru-raiz,*
*Por favor, senta-te no lótus e lua em meu coração.*
*Por favor, cuida de mim com tua grande bondade*
*E concede-me as bênçãos de teu corpo, fala e mente.*

Imaginamos que todos os Budas e Bodhisattvas dissolvem-se em Gyaltsabje e Khedrubje, e que os dois Filhos dissolvem-se então em Je Tsongkhapa. Com deleite, Guru Tsongkhapa vem à nossa coroa, onde diminui até ficar do tamanho de um polegar. Fazemos então outro pedido:

*Ó Glorioso e precioso Guru-raiz,*
*Por favor, senta-te no lótus e lua em meu coração.*
*Por favor, cuida de mim com tua grande bondade*
*E confere-me as aquisições comuns e a suprema.*

Após fazermos esse pedido, imaginamos que Guru Tsongkhapa entra em nosso corpo e, descendo pelo canal central, alcança o centro do nosso chakra da garganta. Fazemos então outro pedido, com a seguinte prece:

*Ó Glorioso e precioso Guru-raiz,*
*Por favor, senta-te no lótus e lua em meu coração.*
*Por favor, cuida de mim com tua grande bondade*
*E permanece firme até que eu alcance a essência da iluminação.*

Imaginamos agora que Guru Tsongkhapa desce até o centro do nosso chakra do coração e dissolve-se em nossa mente, que está no aspecto da letra DHI. Ao longo dessa visualização, é importante não esquecer o fio de nuvens que conecta Je Tsongkhapa a Buda Maitreya, na Terra Pura de Tushita. Reconhecemos que Guru Tsongkhapa, em nosso coração, é a síntese da nossa mente, de Je Tsongkhapa e de nosso Guru-raiz, e meditamos nesse reconhecimento por algum tempo. Neste ponto, se desejarmos, podemos meditar no Mahamudra que é a união de êxtase e vacuidade, a verdadeira essência da prática Vajrayana.

Por fim, as oito pétalas do lótus, que são da natureza de luz, fecham-se no formato de um coração, sem deixar nenhum espaço entre as pétalas. O lótus, no formato de um coração, é então inteiramente envolvido pelas letras OM AH RA PA TSA NA DHI SU MA TI KIR TI SHI RI BHA DRA AH THI TA NA AH THI TI TE KUR BEN TU, cobrindo-o completamente, sem deixar nenhum espaço. Contemplamos que o lótus, no formato de um coração, está agora dentro do círculo de proteção do mantra e, se desejarmos, recitamos o mantra algumas vezes. Finalizamos então a sessão recitando as preces dedicatórias e as preces auspiciosas.

## A PRÁTICA DURANTE O INTERVALO ENTRE AS MEDITAÇÕES

Durante o intervalo entre as meditações, devemos sempre manter contínua-lembrança (*mindfulness*) de Guru Tsongkhapa, que é inseparável da nossa mente-raiz em nosso coração. Sempre que comermos ou bebermos, devemos imaginar que estamos fazendo oferendas a Guru Tsongkhapa em nosso coração; se pessoas fizerem oferendas, prostrações ou outros gestos de respeito para nós, devemos, imediatamente, oferecê-los mentalmente a Guru Tsongkhapa em nosso coração; sempre que praticarmos qualquer tipo de cura ou concedermos bênçãos para beneficiar os outros, devemos pensar que o poder dessas ações vem principalmente de Guru Tsongkhapa em nosso coração; e toda vez que estivermos em perigo ou amedrontados, devemos nos lembrar imediatamente de Guru Tsongkhapa em nosso coração e recordar que ele é da natureza de Vajrapani. Além disso, devemos tentar melhorar continuamente nossa fé em Je Tsongkhapa por meio de contemplar seus ensinamentos e suas muitas outras preeminentes qualidades.

Se desejarmos renascer facilmente na Terra Pura de Tushita, é essencial nos lembrarmos sempre do fio de nuvens que conecta diretamente Guru Tsongkhapa, em nosso coração, com o coração de Buda Maitreya, pois isso indica que temos uma conexão especial com Buda Maitreya. Mesmo se experienciarmos uma morte súbita, se nos lembrarmos desse fio de nuvens, é certo que renasceremos na Terra Pura de Tushita, porque nossa consciência seguirá o caminho desse fio diretamente ao coração de Maitreya. Isto é uma efetiva transferência de consciência. Assim, se praticarmos sinceramente *Ganden Lhagyema* e *Migtsema* todos os dias e nos lembrarmos do fio de nuvens no momento da morte, renasceremos, definitivamente, na Terra Pura de Tushita.

*Vajradhara Trijang Rinpoche*

# *A Prece* Migtsema

## UMA EXPLICAÇÃO DA PRECE *MIGTSEMA*

**A PRECE *MIGTSEMA*** é a seguinte:

> Tsongkhapa, ornamento-coroa dos eruditos da Terra das Neves,
> Tu és Avalokiteshvara, o tesouro de inobservável compaixão,
> Manjushri, a suprema sabedoria imaculada,
> E Vajrapani, o destruidor das hostes de maras.
> Ó Losang Dragpa, peço a ti, por favor, concede tuas bênçãos.

Como foi mencionado anteriormente, esta prece foi escrita por Manjushri e revelada na *Escritura Emanação Kadam*. Je Tsongkhapa extraiu a prece *Migtsema* da escritura e, alterando o primeiro e o quinto versos, ofereceu-a como um louvor ao seu Guru, Je Rendapa. Rendapa, no entanto, devolveu-a em sua forma original a Je Tsongkhapa, dizendo: "Isto é mais adequado a ti".

A explicação da prece *Migtsema* tem duas partes:

1. Uma explicação do primeiro verso;
2. Uma explicação dos demais quatro versos.

## UMA EXPLICAÇÃO DO PRIMEIRO VERSO

Assim como ornamentos-coroa são inigualáveis dentre todos os ornamentos, Je Tsongkhapa é inigualável dentre todos os eruditos tibetanos. Há três maneiras pelas quais podemos compreender isso:

1. Em relação às preeminentes qualidades de seus ensinamentos, Je Tsongkhapa é inigualável dentre todos os eruditos tibetanos;
2. Em relação ao seu exemplo prático, Je Tsongkhapa é inigualável dentre todos os eruditos tibetanos;
3. Em relação às suas atividades de Dharma, Je Tsongkhapa é inigualável dentre todos os eruditos tibetanos.

## EM RELAÇÃO ÀS PREEMINENTES QUALIDADES DE SEUS ENSINAMENTOS, JE TSONGKHAPA É INIGUALÁVEL DENTRE TODOS OS ERUDITOS TIBETANOS

É somente por meio dos ensinamentos de Je Tsongkhapa que podemos compreender os quatro preeminentes atributos das etapas do caminho: (1) que nenhum dos ensinamentos de Buda são contraditórios; (2) que podemos considerar todos os ensinamentos de Buda como conselhos pessoais e colocá-los em prática; (3) que podemos realizar facilmente a intenção última de Buda; e (4) que podemos naturalmente ficar livres da grande falha e de todas as demais falhas. Embora o texto-raiz de Atisha das etapas do caminho, *Luz para o Caminho à Iluminação* (*Lam dron*, em tibetano), possua estes quatro preeminentes atributos, não podemos descobrir isso simplesmente lendo-o, pois ele é composto por apenas algumas poucas páginas. Por esta razão, precisamos estudar também as explicações claras e extensas apresentadas nos ensinamentos de Lamrim de Je Tsongkhapa.

Nos ensinamentos de Je Tsongkhapa, encontramos apresentações especiais sobre como desenvolver a realização de renúncia, que é o caminho principal à libertação; como desenvolver bodhichitta, que é o caminho principal à iluminação; e como desenvolver a visão correta da vacuidade, que é o método para erradicar a ignorância. Essas explicações especiais não podem ser encontradas em outros ensinamentos.

Sem confiar nos ensinamentos de Je Tsongkhapa, é difícil alcançar, durante estes tempos degenerados, uma compreensão inequívoca da natureza precisa do tranquilo-permanecer ("*zhi ne*", em tibetano) e da efetiva visão superior ("*lhag tong*", em tibetano), ou saber como dar início a essas práticas, como mantê-las e como concluí-las. Além disso, sem confiar nos ensinamentos de Je Tsongkhapa, acharemos também difícil compreender, de modo preciso, a natureza do samsara e da verdadeira libertação.

Ademais, é somente nos ensinamentos de Je Tsongkhapa que encontramos as instruções claras, profundas e incomuns sobre como as realizações das quatro classes do Mantra Secreto são desenvolvidas. Isto é particularmente verdadeiro em relação ao desenvolvimento das etapas do Tantra Ioga Supremo: clara-luz, corpo-ilusório, a união-que-precisa-aprender e a União-do-Não-Mais-Aprender. Podemos encontrar explicações claras destes temas profundos somente nos ensinamentos de Je Tsongkhapa.

Essas preeminentes qualidades dos ensinamentos de Je Tsongkhapa não são possuídas nem mesmo pelos reis dos Tantras (o *Tantra Guhyasamaja* e o *Tantra de Heruka*, que foram escritos por Vajradhara) nem pelo rei dos Sutras (o *Sutra Perfeição de Sabedoria*).

Há muitos comentários escritos por seguidores de Je Tsongkhapa sobre as etapas do caminho, o treino da mente, o Mahamudra, as práticas tântricas e temas filosóficos. Isso inclui os livros *Caminho Alegre da Boa Fortuna*, *Compaixão Universal*, *Mahamudra-Tantra*, *Grande Tesouro de Mérito*, *Clara-Luz de Êxtase*, *Novo Guia à Terra Dakini*, *Budismo Moderno*, *As Instruções Orais do Mahamudra* e *Oceano de Néctar*. Todos estes livros estão fundamentados nos ensinamentos de Je Tsongkhapa.

Em resumo, porque os ensinamentos de Je Tsongkhapa não têm equivalentes no Tibete, Je Tsongkhapa é inigualável dentre todos os eruditos tibetanos. Porque um ornamento-coroa é inigualável

*Dorjechang Kelsang Gyatso Rinpoche*

dentre todos os ornamentos, Manjushri refere-se a Je Tsongkhapa como "o ornamento-coroa dos eruditos da Terra das Neves".

## EM RELAÇÃO AO SEU EXEMPLO PRÁTICO, JE TSONGKHAPA É INIGUALÁVEL DENTRE TODOS OS ERUDITOS TIBETANOS

Há três aspectos diferentes da prática espiritual de Je Tsongkhapa: os aspectos exterior, interior e secreto. Em relação ao primeiro, Je Tsongkhapa empenhou-se em todas as práticas de disciplina moral que Buda ensinou nos *Sutras Vinaya*, tais como as 253 disciplinas de um monge plenamente ordenado. Deste ponto de vista, ele era como um puro praticante Hinayana, completamente livre das quedas morais dos votos Pratimoksha. Por causa disso, todas as ações físicas de Je Tsongkhapa eram imaculadamente puras e belas, e as pessoas naturalmente o apreciavam e desenvolviam fé nele.

Em relação ao segundo aspecto, Je Tsongkhapa empenhou-se em todas as práticas de disciplina moral que Buda ensinou nos Sutras mahayana, e estava completamente livre de todas as quedas morais dos votos bodhisattva, tais como as dezoito quedas-raiz e as 46 quedas secundárias. Todas as suas ações de corpo, fala e mente eram motivadas unicamente por bodhichitta, e todas as suas ações diárias estavam de acordo com o estilo de vida do Bodhisattva.

Em relação ao terceiro aspecto, Je Tsongkhapa empenhou-se em todas as práticas de disciplina moral ensinadas por Buda em seus ensinamentos vajrayana. Como resultado da prática pura do Ioga da Deidade e do ioga da união de grande êxtase e vacuidade, ele era completamente livre de aparências e concepções comuns, densas e sutis. A partir da maneira como praticava o Vajrayana, os discípulos de Je Tsongkhapa podem compreender claramente como estabelecer o fundamento da prática Vajrayana, como progredir nessa prática e como concluí-la. Eles podem também compreender que as práticas do Hinayana, Mahayana e Vajrayana, ensinadas por Buda nas escrituras, não são contraditórias, mas podem ser colocadas todas em prática pelo mesmo praticante.

*Avalokiteshvara*

Em resumo, dentre todos os eruditos no Tibete, Je Tsongkhapa mostrou o melhor exemplo de como praticar o Hinayana, o Mahayana e o Vajrayana.

### EM RELAÇÃO ÀS SUAS ATIVIDADES DE DHARMA, JE TSONGKHAPA É INIGUALÁVEL DENTRE TODOS OS ERUDITOS TIBETANOS

Como foi mencionado acima, Buda predisse, no *Tantra-Raiz de Manjushri*, que Je Tsongkhapa realizaria os feitos de um Buda. Como Buda predisse, Je Tsongkhapa dedicou todas as suas atividades para difundir, pelo mundo inteiro, o Budadharma especial que vem da sabedoria de Manjushri. Para este fim, Je Tsongkhapa foi incansável em dar ensinamentos sobre o Dharma extenso e profundo e em escrever livros de Dharma especiais. Esses livros são tão lúcidos e autorizados que foram louvados, inclusive, por eruditos de outras tradições. Por exemplo, Tagtsang Lotsawa louvou a obra de Je Tsongkhapa como um grande tesouro de excelente explicação nunca visto até então. Je Tsongkhapa escreveu dezesseis volumes que revelam claramente todo o Budadharma através de uma apresentação muito especial. Seus escritos têm exatamente as mesmas preeminentes qualidades de seus ensinamentos. A razão principal pela qual os livros e ensinamentos de Je Tsongkhapa têm qualidades tão especiais é que Je Tsongkhapa é uma manifestação da sabedoria de todos os Budas.

Para ajudar seu Dharma especial a florescer, Je Tsongkhapa fundou diversos grandes monastérios, que reuniam milhares de discípulos – os quais alcançaram realizações avançadas –, e organizou programas espirituais especiais em seus monastérios. Desse modo, todo o Tibete ficou repleto de praticantes afortunados que conheceram a doutrina de Je Tsongkhapa.

### UMA EXPLICAÇÃO DOS DEMAIS QUATRO VERSOS

A compaixão de todos os Budas aparece na forma de Avalokiteshvara, a sabedoria de todos os Budas aparece como Manjushri, e o poder espiritual de todos os Budas aparece como Vajrapani. Visto que Je Tsongkhapa é a síntese destes três seres sagrados, se, com profunda fé, fizermos sinceramente pedidos a ele, recitando a prece *Migtsema*, alcançaremos a realização da grande compaixão, como a de Avalokiteshvara; da suprema sabedoria imaculada, como a de Manjushri; e do grande poder, como o de Vajrapani, para destruir obstáculos. Obter estas realizações é extremamente importante para qualquer pessoa, pois elas irão nos ajudar temporariamente a solucionar todos os nossos problemas diários e irão nos capacitar, por fim, a alcançar a libertação completa do sofrimento e a plena iluminação. Compreendendo isso, devemos nos empenhar incansavelmente para fazer pedidos a Je Losang Dragpa, por meio de recitar a prece *Migtsema*.

Os últimos quatro versos também podem ser compreendidos como segue. As palavras "tesouro de inobservável compaixão" revelam as etapas do caminho vasto; as palavras "suprema sabedoria imaculada" revelam as etapas do caminho profundo; e as palavras "destruidor das hostes de maras" revelam as etapas do caminho vajrayana. Em relação às Famílias Búdicas, Avalokiteshvara pertence à Família Pema, a Família de Buda Amitabha; Manjushri pertence à Família Tathagata, a Família de Buda Vairochana; e Vajrapani pertence à Família Vajra, a Família de Buda Akshobya. Deste ponto de vista, portanto, Avalokiteshvara é a fala-vajra de todos os Budas, Manjushri é o corpo-vajra de todos os Budas, e Vajrapani é a mente-vajra de todos os Budas. Assim, esses quatro versos indicam que, se fizermos sinceramente pedidos com forte fé a Je Losang Dragpa, recitando a prece *Migtsema*, podemos obter facilmente realizações das etapas do caminho vasto, do caminho profundo e do caminho vajrayana; e, por meio disso, podemos alcançar o corpo-vajra, a fala-vajra e a mente-vajra de um Buda. Compreendendo isso, devemos nos empenhar continuamente em praticar a prece *Migtsema*.

Podemos também aplicar a explicação das três maneiras de fazer pedidos, mencionadas acima, a estes diferentes significados da prece *Migtsema*.

# *Retiro-Aproximador*

**Como fazer um** retiro-aproximador *Migtsema* tem quatro partes:

1. O que é um retiro?;
2. As condições necessárias para um retiro-aproximador *Migtsema*;
3. As preparações para um retiro-aproximador *Migtsema*;
4. A prática de um retiro-aproximador de ações *Migtsema*.

## O QUE É UM RETIRO?

Em um retiro, interrompemos todas as formas de trabalho profissional e quaisquer outras atividades exteriores ou alheias ao retiro, para que tenhamos a oportunidade de enfatizar uma prática espiritual específica. Há três tipos de retiro: físico, verbal e mental. Entramos em retiro físico quando, com motivação espiritual, nos isolamos das outras pessoas, das atividades e do barulho e abandonamos, também, atividades sem significado e que não sejam pertinentes ao retiro. Entramos em retiro verbal quando, com motivação espiritual, nos abstemos de conversação sem sentido, fútil, e guardamos silêncio durante um período específico. Entramos em retiro mental quando impedimos que distrações e fortes delusões (como apego, raiva, inveja e forte agarramento ao em-si) se manifestem, e por mantermos também contínua-lembrança (*mindfulness*) e conscienciosidade.

Se permanecermos em retiro físico e verbal, mas falharmos em observar retiro mental, nosso retiro terá pouco poder. Um

*Manjushri*

retiro como esse poderá ser relaxante; porém, se não impedirmos o surgimento de fortes delusões, nossa mente não ficará em paz, mesmo durante um retiro. No entanto, manter retiro físico e verbal ajuda-nos a manter retiro mental, e, por esta razão, Shantideva louva os dois primeiros tipos de retiro em seu livro *Guia do Estilo de Vida do Bodhisattva*.

Um retiro-aproximador é um retiro no qual praticamos métodos especiais que nos aproximam cada vez mais das aquisições de uma Deidade tântrica. Entramos em "retiro-aproximador de sinais" quando permanecemos em retiro até que um sinal correto de aquisição se manifeste. Entramos em "retiro-aproximador de tempo" quando fazemos retiro por um tempo determinado (por exemplo, seis meses) ou, alternativamente, quando todo ano fazemos um retiro-aproximador, longo ou breve, no mesmo período.

Há dois tipos de retiro-aproximador de contagem: o retiro-aproximador de ações e o grande retiro-aproximador. Há também dois tipos de retiro-aproximador de ações: o longo e o breve. No retiro-aproximador *Migtsema* de ações longo, recitamos a prece *Migtsema* quatrocentas mil vezes, e no retiro-aproximador *Migtsema* de ações breve, recitamos a prece *Migtsema* cem mil vezes.

## AS CONDIÇÕES NECESSÁRIAS PARA UM RETIRO APROXIMADOR *MIGTSEMA*

Para sermos bem-sucedidos nessa prática, precisamos obter, pelo menos, alguma experiência das etapas do caminho, de modo que tenhamos a motivação especial de bodhichitta e alguma compreensão da vacuidade. Precisamos também de forte fé em Je Tsongkhapa e na sua doutrina, e nossa prática diária precisa pertencer à pura linhagem de Je Tsongkhapa. Sobre esta base, precisamos ter recebido a iniciação de bênçãos de Je Tsongkhapa. Precisamos também compreender claramente como praticar esta instrução por meio de ter ouvido ou lido comentários autênticos.

## AS PREPARAÇÕES PARA UM RETIRO-APROXIMADOR *MIGTSEMA*

Preparamos uma sala de meditação adequada, pensando:

> *Em cada sessão, durante este retiro, vou convidar Guru Tsongkhapa e todos os seres sagrados a este local; portanto, preciso limpar minha sala e preparar oferendas especiais.*

Com essa motivação, primeiramente limpamos nossa sala de meditação e a área em volta. Diante das estátuas ou figuras de Buda Shakyamuni, Je Tsongkhapa e do nosso Guru-raiz, dispomos oferendas de torma e outras oferendas. Devemos colocar três tormas – para isso, podemos usar bolos, mel, biscoitos ou chocolates. Visto que essas tormas devem permanecer durante todo o retiro, não devemos utilizar substâncias que se deteriorem rapidamente. Diante das oferendas de torma, dispomos duas ou mais fileiras de vasilhas de oferenda para as Deidades geradas-em-frente. Essas oferendas devem ser dispostas começando do lado direito da Deidade (nossa esquerda), na seguinte sequência: néctar para beber, água para os pés, flores, incenso, luz, perfume e alimentos. Então, diante dessas duas fileiras, colocamos outra fileira de vasilhas de oferenda para nós próprios (a Deidade autogerada), começando a partir da nossa direita. Outras oferendas puras também podem ser colocadas em qualquer lugar do altar.

Sobre uma pequena mesa, diante da nossa almofada de meditação, colocamos nosso vajra, sino e mala. No primeiro dia do retiro, antes da primeira sessão propriamente dita, fazemos a sadhana extensa, mediana ou condensada do Protetor do Dharma para impedir obstáculos ao nosso retiro. As sadhanas mediana e condensada do Protetor do Dharma podem ser encontradas no Apêndice III. Então, na noite do primeiro dia, começamos a primeira sessão do retiro.

## A PRÁTICA DE UM RETIRO-APROXIMADOR DE AÇÕES *MIGTSEMA*

Este tópico tem duas partes:

1. A prática durante a sessão de meditação;
2. A prática durante o intervalo entre as meditações.

### A PRÁTICA DURANTE A SESSÃO DE MEDITAÇÃO

Este tópico tem três partes:

1. As práticas preliminares;
2. A prática propriamente dita;
3. Conclusão.

### AS PRÁTICAS PRELIMINARES

Fazemos a prática *As Centenas de Deidades da Terra Alegre* (*Ganden Lhagyema*), desde buscar refúgio e gerar bodhichitta até a dissolução de Guru Tsongkhapa em nossa mente no nosso coração, inclusive; fazemos isso recitando a sadhana *Rei do Dharma*, que pode ser encontrada no Apêndice III.

### A PRÁTICA PROPRIAMENTE DITA

Este tópico tem seis partes:

1. Purificar nosso corpo e mente por meio de meditar na vacuidade;
2. Transformar a base de designação do nosso *eu* por meio de nos gerarmos como Guru Tsongkhapa;
3. Meditar em orgulho divino;
4. Meditar em clara aparência;
5. Recitar os mantras;
6. A prática da geração-em-frente.

*Vajrapani*

## PURIFICAR NOSSO CORPO E MENTE POR MEIO DE MEDITAR NA VACUIDADE

Tendo dissolvido Guru Tsongkhapa em nossa mente no nosso coração, nossa mente transforma-se na natureza de grande êxtase. Com essa sensação de grande êxtase, imaginamos que, do coração de Je Tsongkhapa, que é inseparável da nossa mente, infinitos raios de luz irradiam, permeando todos os mundos e seus habitantes. Os mundos e seus habitantes convertem-se em luz e dissolvem-se em nosso corpo. Nosso corpo, então, converte-se em luz e dissolve-se em Je Tsongkhapa, que é uma só natureza com a nossa mente. Nossa mente, Je Tsongkhapa, torna-se então menor e menor e, por fim, dissolve-se na vacuidade. Não percebemos nada além que vacuidade, e meditamos estritamente focados nessa vacuidade pelo maior tempo possível.

## TRANSFORMAR A BASE DE DESIGNAÇÃO DO NOSSO *EU* POR MEIO DE NOS GERARMOS COMO GURU TSONGKHAPA

Contemplamos como segue:

*Do estado de vacuidade, aparece um trono adornado com joias, sustentado por oito grandes leões. De uma letra PAM, sobre o trono, aparece um lótus de oito pétalas e, sobre o lótus, de uma letra AH, surge um mandala de lua. No centro da lua, minha mente aparece no aspecto de uma letra DHI laranja. A letra então transforma-se numa espada, marcada com uma letra DHI. Disso, raios de luz irradiam, fazendo oferendas a todos os seres superiores e satisfazendo o bem-estar de todos os seres vivos. Todos os raios de luz recolhem-se na espada, que se transforma completamente, e eu surjo como o grande Je Tsongkhapa, o Rei do Dharma dos três reinos e a essência de todos os Conquistadores. Eu tenho um corpo, fala e mente completamente puros.*

*Meu corpo, que é feito de luz-sabedoria, é branco com um matiz avermelhado. Eu tenho uma face e dois braços, e uso as três vestes de cor açafrão de uma pessoa ordenada e um chapéu de Pândita dourado de abas longas. Minhas duas mãos estão na altura do meu coração, no gesto de girar a Roda do Dharma. Entre os dedos polegar e indicador, minhas mãos seguram caules de flores upala, que desabrocham ao lado das minhas orelhas direita e esquerda. Sobre a flor à minha direita, está uma espada-sabedoria, e sobre a flor à minha esquerda, está uma escritura do* Sutra Perfeição de Sabedoria em Oito Mil Versos.

*Meu corpo está adornado com todos os sinais e as indicações de um Buda, e é claro e translúcido, da natureza de luz. Estou sentado com minhas pernas cruzadas em postura vajra, no meio de uma infinidade de luz brilhante que irradia do meu corpo.*

*Sobre um lótus e uma almofada de lua, no centro do meu chakra da coroa, está Manjushri, que tem um corpo alaranjado, uma face e dois braços; sobre um lótus e uma almofada de lua, no centro do meu chakra da garganta, está Avalokiteshvara, que tem um corpo branco, uma face e quatro braços; e sobre um lótus e uma almofada de sol, no centro do meu chakra do coração, está Vajrapani, que tem um corpo azul, uma face e dois braços. Eles estão completos, com todas as suas características usuais, tais como ornamentos, roupas, gestos e implementos.*

*No coração de Manjushri, está uma letra OM branca; no coração de Avalokiteshvara, uma letra AH vermelha; e no coração de Vajrapani, uma letra HUM azul.*

Visualizamos raios de luz irradiando do HUM e convidando Guru Tsongkhapa, rodeado por todos os Budas, para vir da Terra Pura de Tushita, e imaginamos que todos eles vêm ao espaço a nossa frente e dissolvem-se em Guru Tsongkhapa. Quando dizemos "DZA", imaginamos que Guru Tsongkhapa vem até a nossa coroa; quando dizemos "HUM", imaginamos que ele se dissolve em nós; quando dizemos "BAM", imaginamos que Guru Tsongkhapa funde-se conosco; e quando dizemos "HO", imaginamos que nos tornamos inseparavelmente *um*. Agora, acreditamos fortemente que o nosso corpo é o corpo do Buda da Sabedoria no aspecto de Je Tsongkhapa, e que a nossa mente é a mente do Buda da Sabedoria. Concentrados em nosso corpo e mente (o corpo e mente de Je Tsongkhapa), desenvolvemos orgulho divino, pensando: "Eu sou Je Tsongkhapa, o Buda da Sabedoria". Nesta etapa, não estamos mais utilizando nosso corpo e mente comuns como base de designação, ou de imputação, para o nosso *eu*, mas utilizando unicamente o corpo e a mente de Je Tsongkhapa. Essa é a maneira de transformar a base de designação do nosso *eu*. Neste ponto, precisamos compreender quatro coisas:

1. O que é a base de designação do nosso *eu*?;
2. Por que precisamos mudar a base de designação do nosso *eu*?;
3. Como é possível mudar a base de designação do nosso *eu*?;
4. Como mudar a base de designação do nosso *eu*?

## O QUE É A BASE DE DESIGNAÇÃO DO NOSSO *EU*?

O que é o *eu*, ou o *self*, de uma pessoa? O *eu* não pode ser o corpo e a mente, pois o *eu* é o possuidor, e o corpo e a mente são os fenômenos possuídos. Por exemplo, quando dizemos "meu corpo" ou "minha mente", isso indica que nos consideramos como o possuidor do nosso corpo e da nossa mente. No entanto, embora o *eu* não seja o corpo e a mente, quando o pensamento "*eu*" surge naturalmente em nossa mente, ele o faz unicamente sobre a base de perceber nosso corpo ou nossa mente. Assim, nosso corpo e mente são as bases para designar, ou imputar, nosso *eu*.

*Je Tsongkhapa*

## POR QUE PRECISAMOS MUDAR A BASE DE DESIGNAÇÃO DO NOSSO *EU*?

Quando o pensamento "*eu*" surge em nossa mente, desenvolvemos automaticamente agarramento ao em-si, que se aferra ao *eu* como existindo do seu próprio lado. Esse pensamento é *ignorância*. Ele é a causa principal de todos os problemas que experienciamos e é a raiz do samsara. Porque o nosso corpo e mente, que são as bases de designação, ou de imputação, para o nosso *eu*, são agregados contaminados, sempre que desenvolvemos o pensamento "*eu*" desenvolvemos, natural e simultaneamente, a ignorância do agarramento ao em-si. Enquanto continuarmos a usar nosso corpo e mente atuais como a base para designar nosso *eu*, nunca iremos erradicar nossa ignorância do agarramento ao em-si e, por causa disso, continuaremos a ter experiências de sofrimento. Por essa razão, precisamos mudar a base de designação do nosso *eu*.

## COMO É POSSÍVEL MUDAR A BASE DE DESIGNAÇÃO DO NOSSO *EU*?

Em nossas vidas anteriores, tivemos incontáveis corpos, e, em cada uma dessas vidas, a base de designação do nosso *eu* mudou. Quando nascemos como um ser humano, a base de designação para o nosso *eu* foi o corpo e a mente de um ser humano, e quando nascemos como um animal, a base de designação para o nosso *eu* foi o corpo e a mente de um animal. Mesmo numa mesma vida, a base de designação para o nosso *eu* muda muitas vezes. Por exemplo, quando éramos um bebê, a base de designação do nosso *eu* foi o corpo e a mente de um bebê; quando éramos uma criança, a base de designação do nosso *eu* foi o corpo e a mente de uma criança; e quando envelhecermos, a base de designação do nosso *eu* será o corpo e a mente de uma pessoa idosa.

Podemos achar que, embora tenhamos tido todas essas mudanças em nosso corpo, não há problema algum em considerar todas elas como *nosso corpo*, pois todas essas mudanças fazem parte de um mesmo continuum; no entanto, não é tão fácil compreender como o corpo de outra pessoa – um corpo que não pertence a nós – pode se tornar a base de designação do nosso *eu*. Para compreender isso, podemos considerar o seguinte. Quando fomos concebidos no útero, na união do óvulo da nossa mãe e do esperma do nosso pai, o nosso corpo – que, naquele momento, era como iogurte misturado com um líquido vermelho – pertencia a outros. No início, não tínhamos ideia alguma disso ser o nosso corpo, mas depois, à medida que nos familiarizamos com seu continuum, passamos a considerá-lo como sendo nosso próprio corpo e, dessa maneira, ele se tornou a base de designação para o nosso *eu*. Isso indica claramente que, com familiaridade, o corpo de outros pode se tornar a base de designação para o nosso *eu*. Em outras palavras, "meu corpo" e "corpo de outros" são como "esta montanha" e "aquela montanha" – elas mudam na dependência da nossa posição relativa.

Em conclusão, tendo purificado nosso corpo e mente comuns por meio de meditarmos na vacuidade como explicado acima, geramo-nos como o Buda da Sabedoria, Je Tsongkhapa. Então, usando o corpo de Je Tsongkhapa, gerado através de nossa imaginação correta, como a base de designação do nosso *eu*, desenvolvemos fortemente orgulho divino, pensando: "Eu sou Je Tsongkhapa, o Buda da Sabedoria".

## COMO MUDAR A BASE DE DESIGNAÇÃO DO NOSSO *EU*?

Mudamos a base de designação do nosso *eu* purificando a aparência comum do nosso corpo e mente por meio de meditar na vacuidade e, depois, gerando-nos como Je Tsongkhapa, como foi explicado acima. Então, familiarizamo-nos continuamente com a meditação em orgulho divino e clara aparência. Por fim, o que era simplesmente imaginação torna-se realidade, e experienciamos o corpo puro e a mente pura de Je Tsongkhapa. Esta é a maneira especial de mudar a base de designação do nosso *eu* através de praticar o caminho espiritual. Diferentemente das mudanças normais na base de designação do nosso *eu*, que ocorrem de uma vida para outra devido ao carma e que são o próprio processo do samsara, este método especial é o meio para conquistarmos a libertação do samsara.

## MEDITAR EM ORGULHO DIVINO

Após nos gerarmos dessa maneira como Je Tsongkhapa, fazemos oferendas e louvores a nós próprios, a Deidade autogerada, recitando os versos da sadhana. Depois, empenhamo-nos na meditação de orgulho divino, contemplando o seguinte:

> *Visto que meu corpo e mente comuns foram purificados, eu não sou mais um ser comum, mas Je Tsongkhapa, o Buda da Sabedoria. Gerei a mim mesmo como Je Tsongkhapa, convidei-o para vir da Terra Pura de Tushita para se dissolver em mim e nos tornamos inseparavelmente um. Portanto, eu sou Guru Tsongkhapa, a corporificação de todos os Budas.*

Tendo gerado fortemente esse sentimento especial, meditamos estritamente focados nesse sentimento pelo maior tempo possível. Precisamos treinar nessa meditação até desenvolvermos forte familiaridade com ela.

## MEDITAR EM CLARA APARÊNCIA

Com o orgulho divino estabelecido pela meditação anterior, examinamos agora precisamente nosso ambiente e corpo, com o objetivo de percebê-los claramente em nossa mente. Tentamos perceber fortemente nosso ambiente como a Terra Pura de Tushita, nossa casa como o Palácio Yiga Chodzin, e nosso corpo como o corpo de Je Tsongkhapa, o corpo do Buda da Sabedoria. Contemplamos:

> *Estou sentado sobre um lótus e almofadas de lua e de sol, sobre um trono adornado com joias e sustentado por oito leões. Os oito leões são manifestações dos meus quatro destemores, em*

> *geral, e das minhas quatro proteções que protegem os seres sencientes dos quatro maras, em particular. O lótus simboliza minha completa pureza de corpo, fala e mente; a lua é uma manifestação da minha bodhichitta convencional; e o sol é uma manifestação da minha bodhichitta última. Meu corpo é uma manifestação da sabedoria de todos os Budas. Minhas três vestes são uma manifestação da minha realização da perfeição das três disciplinas morais; o chapéu de abas longas é uma manifestação da minha visão última; as duas flores que eu seguro são manifestações das minhas realizações de amor e de compaixão; a escritura é uma manifestação da minha fala; e a espada, uma manifestação da minha sabedoria. Minha posição, sentada em postura vajra, simboliza que realizei a União-do-Não-Mais-Aprender.*

Por meio dessa contemplação, tentamos perceber uma imagem geral por inteiro do ambiente, do palácio e do nosso corpo, a Deidade autogerada, no aspecto do corpo de Je Tsongkhapa. Quando percebermos essa imagem, meditamos nela de modo estritamente focado.

Devemos treinar continuamente nessa meditação até percebermos tudo, desde o ambiente até nós próprios como Je Tsongkhapa, de modo claro em nossa mente. Essa é a maneira de realizar clara aparência. Podemos associar esta meditação com a prática de treinar no tranquilo-permanecer, que está explicada nos livros *Contemplações Significativas* e *Caminho Alegre da Boa Fortuna*.

## RECITAR OS MANTRAS

Tendo estabelecido orgulho divino – pensando "Eu sou Guru Tsongkhapa, a essência de todos os Budas" – e clara aparência do nosso corpo autogerado como o Corpo-Forma de Guru Tsongkhapa, visualizamos então que, sobre uma almofada de lua no coração de Manjushri, que está no centro do nosso chakra da coroa, há uma letra DHI rodeada em sentido horário pelas letras cor de laranja

OM AH RA PA TSA NA; sobre uma almofada de lua no coração de Avalokiteshvara, que está no centro do nosso chakra da garganta, há uma letra HRIH rodeada em sentido horário pelas letras brancas OM MANI PEME HUM; e sobre uma almofada de sol no coração de Vajrapani, que está no centro do nosso chakra do coração, há uma letra HUM rodeada em sentido horário pelas letras azuis OM AH VAJRAPANI HUM HUM PHAT.

Imaginamos então que infinitos raios de luz irradiam da letra DHI e do mantra no coração de Manjushri e tocam o corpo e a mente de todos os seres vivos. Essa luz purifica a escuridão interior da ignorância de todos os seres, e eles obtêm olhos de sabedoria divina, que podem ver a realidade da verdade última e todos os caminhos espirituais que conduzem à libertação. Com essa visualização, recitamos o mantra OM AH RA PA TSA NA DHI cem vezes. Imaginamos então que infinitos raios de luz irradiam da letra HRIH e do mantra no coração de Avalokiteshvara e tocam o corpo e a mente de todos os seres vivos dos seis reinos. A luz purifica todo o carma negativo deles e faz com que experienciem felicidade incontaminada. Com essa visualização, recitamos OM MANI PEME HUM cem vezes. Então, imaginamos que infinitos raios de luz irradiam da letra HUM e do mantra no coração de Vajrapani e tocam o corpo e a mente de todos os seres vivos. A luz pacifica todos os seus obstáculos que os impedem de obter a libertação e a plena iluminação, e todos eles vencem os quatro maras e alcançam a Budeidade. Com essa visualização, recitamos OM AH VAJRAPANI HUM HUM PHAT cem vezes.

Imaginamos agora que Manjushri dissolve-se em nosso corpo e, devido a isso, nosso corpo torna-se da natureza de Manjushri; Avalokiteshvara dissolve-se em nossa fala e, devido a isso, nossa fala torna-se da natureza de Avalokiteshvara; e Vajrapani dissolve-se em nossa mente e, devido a isso, nossa mente torna-se da natureza de Vajrapani.

Então, visualizamos que, sobre uma almofada de lua em nosso coração, nossa mente está no aspecto de uma letra DHI laranja, rodeada em sentido horário pela prece, ou mantra, *Migtsema*.

Imaginamos que infinitos raios de luz irradiam da letra DHI e do mantra *Migtsema* para as dez direções e convidam as bênçãos do corpo, fala e mente de todos os Budas no aspecto de raios de luz branca, vermelha e azul. Todas essas luzes dissolvem-se em nossa mente (a letra DHI em nosso coração) e acreditamos fortemente que recebemos as bênçãos do corpo, fala e mente de todos os Budas.

Com essa visualização, recitamos o mantra *Migtsema* quantas vezes pudermos em cada sessão. Para um retiro-aproximador *Migtsema* de ações longo, precisamos coletar quatrocentas mil preces *Migtsema*, pelo menos; e, para um retiro-aproximador *Migtsema* de ações breve, precisamos coletar cem mil preces *Migtsema*, pelo menos. Após recitarmos essas preces, concluímos nosso retiro-aproximador de ações fazendo, pelo menos, sete sessões da *Oferenda Ardente de Vajradaka*. Em cada sessão, precisamos coletar cem mantras de Vajradaka juntamente com oferendas. Isso pode ser feito em associação com a sadhana que está no Apêndice III.

## A PRÁTICA DA GERAÇÃO-EM-FRENTE

Após a recitação de mantra nas três primeiras sessões do dia, concluímos com a visualização descrita no próximo tópico, seguida pela prece dedicatória: "Por vir sendo cuidado, durante todas as minhas vidas (...)", que está na página 134. Após a recitação de mantra na última sessão do dia, abençoamos as tormas e demais oferendas e, então, convidamos Guru Tsongkhapa, juntamente com seu séquito, para vir ao espaço a nossa frente. Acreditamos fortemente que Guru Tsongkhapa e todos os demais Gurus, Yidams, Budas, Bodhisattvas, Dakas, Dakinis e Protetores do Dharma estão realmente presentes no espaço a nossa frente e oferecemos tormas, demais oferendas e louvores, de acordo com as palavras da sadhana.

## CONCLUSÃO

Ao final de cada sessão, todos os demais seres sagrados dissolvem-se em Guru Tsongkhapa, que vem até a coroa da nossa cabeça e diminui até ficar do tamanho de um polegar. Ele entra em nosso corpo, desce ao nosso coração, e dissolve-se em nossa mente. Acreditamos fortemente que, sobre um lótus de oito pétalas, dentro do canal central no centro do nosso chakra do coração, está nossa mente na forma de Je Tsongkhapa, que é inseparável do nosso Guru-raiz. Concentramo-nos estritamente focados nessa aparência por algum tempo. Imaginamos então que as oito pétalas do lótus fecham-se, no formato de um coração, sem nenhum espaço entre as pétalas. As pétalas, no formato de um coração, são completamente cobertas pelas letras do mantra: OM AH RA PA TSA NA DHI SU MA TI KIR TI SHI RI BHA DRA AH THI TA NA AH THI TI TE KUR BEN TU. Para concluir a última sessão do dia, recitamos as preces dedicatórias e as preces auspiciosas da sadhana *Rei do Dharma*.

Em resumo, a prática inteira, desde buscar refúgio até as preces auspiciosas, pode ser feita em associação com a sadhana *Rei do Dharma*, que está no Apêndice III.

## A PRÁTICA DURANTE O INTERVALO ENTRE AS MEDITAÇÕES

Entre as sessões de meditação, devemos nos empenhar nas práticas do intervalo entre as meditações, explicadas previamente. Além disso, devemos manter três reconhecimentos especiais: (1) que nosso ambiente é a Terra Pura de Tushita; (2) que todos os seus habitantes e prazeres são puros; e (3) que somos Je Tsongkhapa, o Buda da Sabedoria. Se, com uma motivação pura, praticarmos essa maneira especial de ver a nós próprios e aos outros, ela irá nos impedir de desenvolvermos delusões (tais como raiva, apego, inveja e assim por diante), fará com que renasçamos na Terra Pura de Tushita, onde encontraremos a doutrina de Je Tsongkhapa, e chegaremos, por fim, a nos tornar um Buda da Sabedoria.

# *PARTE DOIS*

## *Confiar no Protetor do Dharma*

*Dorje Shugden*

# *Introdução ao Protetor do Dharma*

**A PRÁTICA DE** confiar no Protetor do Dharma será explicada em cinco partes:

1. Uma introdução ao Protetor do Dharma Dorje Shugden;
2. As encarnações anteriores de Dorje Shugden;
3. A natureza e função de Dorje Shugden;
4. Os benefícios de confiar em Dorje Shugden;
5. A maneira de confiar em Dorje Shugden.

## UMA INTRODUÇÃO AO PROTETOR DO DHARMA DORJE SHUGDEN

Um Protetor do Dharma é uma emanação de um Buda ou de um Bodhisattva, cujas principais funções são as de evitar os obstáculos interiores e exteriores que impedem os praticantes de obterem realizações espirituais, e de providenciar e harmonizar todas as condições necessárias para a sua prática. No Tibete, cada monastério tinha seu próprio Protetor do Dharma; porém, a tradição não começou no Tibete, pois os Mahayanistas da antiga Índia também confiavam em Protetores do Dharma para eliminar obstáculos e satisfazer seus desejos espirituais.

Embora algumas deidades mundanas sejam benévolas e propícias em relação ao Budismo e tentem ajudar os praticantes, elas não são verdadeiros Protetores do Dharma. Tais deidades mundanas são capazes de aumentar a riqueza exterior dos praticantes e de ajudá-los a serem bem-sucedidos em suas atividades mundanas, mas elas não têm a sabedoria ou o poder para proteger o desenvolvimento do Dharma na mente de um praticante. É esse Dharma interior – as experiências de grande compaixão, bodhichitta, da sabedoria que realiza a vacuidade, e assim por diante – que é o mais importante e que necessita ser protegido; as condições exteriores são de importância secundária.

Embora sua motivação seja boa, as deidades mundanas carecem de sabedoria e, algumas vezes, a ajuda exterior que dão acaba por interferir com a aquisição de autênticas realizações de Dharma. Se essas deidades mundanas não têm, elas próprias, realizações de Dharma, como podem ser Protetores do Dharma? Fica claro, portanto, que todos os verdadeiros Protetores do Dharma precisam ser, necessariamente, emanações de Budas ou de Bodhisattvas. Esses Protetores têm grande poder para proteger o Budadharma e seus praticantes, mas a extensão em que recebemos a ajuda deles depende da nossa fé e convicção neles. Para recebermos sua plena proteção, precisamos confiar continuamente neles, com devoção inabalável.

Os Budas têm se manifestado sob a forma de vários Protetores do Dharma, tais como Mahakala, Kalarupa, Kalindewi e Dorje Shugden. Desde a época de Je Tsongkhapa até o primeiro Panchen-Lama, Losang Chokyi Gyaltsen, o principal Protetor do Dharma da linhagem de Je Tsongkhapa foi Kalarupa. Posteriormente, entretanto, muitos lamas elevados perceberam que Dorje Shugden havia se tornado o principal Protetor do Dharma desta tradição.

Não há diferença na compaixão, sabedoria ou poder dos diversos Protetores do Dharma, mas, devido ao carma dos seres sencientes, um Protetor do Dharma específico terá maior oportunidade de ajudar os praticantes de Dharma em um momento determinado. Podemos compreender como isso acontece ao considerar o exemplo de Buda Shakyamuni. Anteriormente, os seres deste mundo tinham o carma para ver o Corpo-Emanação Supremo de Buda Shakyamuni e para receber ensinamentos diretamente dele. Nos dias atuais, entretanto, não temos esse carma e, assim, Buda aparece para nós sob a forma do nosso Guia Espiritual e ajuda-nos dando ensinamentos e conduzindo-nos pelos caminhos espirituais. Portanto, a forma que Buda assume para nos ajudar varia de acordo com a mudança do nosso carma, mas sua natureza essencial permanece a mesma.

Dentre todos os Protetores do Dharma, os Protetores Mahakala de quatro faces, Kalarupa e Dorje Shugden têm, em particular, a mesma natureza, pois todos eles são emanações de Manjushri. No entanto, os seres desta época atual têm uma conexão cármica mais forte com Dorje Shugden do que com os outros Protetores do Dharma. Foi por esta razão que Morchen Dorjechang Kunga Lhundrup, um mestre altamente realizado da tradição Sakya, disse para seus discípulos: "Agora é a hora de confiar em Dorje Shugden". Ele disse isso em muitas ocasiões para encorajar seus discípulos a desenvolverem fé na prática de Dorje Shugden. Devemos também dar atenção ao seu conselho e segui-lo seriamente. Ele não disse que este é o momento de confiar em outros Protetores do Dharma, mas afirmou claramente que agora é a hora de confiar em Dorje Shugden. Muitos lamas elevados da tradição Sakya e muitos monastérios Sakya têm confiado sinceramente em Dorje Shugden.

Em anos recentes, Vajradhara Trijang Rinpoche, já falecido, e Guru-raiz de muitos praticantes gelugpa, desde humildes noviços até lamas muito elevados, foi o maior responsável pela propagação da prática de Dorje Shugden. Ele encorajou todos os seus discípulos a confiarem em Dorje Shugden e deu iniciações de Dorje Shugden diversas vezes. Mesmo em idade avançada, com o objetivo de impedir a degeneração da prática de Dorje Shugden, escreveu um extenso texto intitulado *Sinfonia que Deleita um Oceano de Conquistadores*, que é um comentário a *Éons Infinitos*, um louvor a Dorje Shugden escrito por Tagpo Kelsang Khedrub Rinpoche.

# *Encarnações Anteriores do Protetor do Dharma*

## AS ENCARNAÇÕES ANTERIORES DE DORJE SHUGDEN

A RESPEITO DE Dorje Shugden, o mestre altamente realizado Tagpo Kelsang Khedrub Rinpoche escreveu as duas estrofes a seguir:

Com profunda fé, eu me prostro a ti, Vajradhara Dorje
Shugden.
Embora já tenhas alcançado o Solo de um Buda
E te empenhes nos vinte e sete feitos de um Buda,
Apareces sob diversas formas para ajudar o Budadharma e
os seres vivos.

Tens te manifestado sob diferentes aspectos,
Como mestres indianos e tibetanos,
Tais como Manjushri, Mahasiddha Biwawa, Pândita Sakya,
Buton Rinchen Drub, Duldzin Dragpa Gyaltsen, Panchen
Sonam Dragpa, e muitos outros.

O significado da primeira estrofe é bastante claro. Os 27 feitos de um Buda estão explicados nos *Sutras Perfeição de Sabedoria* e no capítulo oitavo de *Ornamento para Clara Realização*, de Maitreya. Esses 27 feitos abrangem desde mostrar aos seres vivos a maneira de ingressar no caminho espiritual à libertação até guiá-los à aquisição

*As Cinco Linhagens de Dorje Shugden*

final da Budeidade. Visto que Dorje Shugden executa todos esses 27 feitos, fica claro que ele é um Buda.

Para guiar os seres vivos pelo caminho espiritual, Dorje Shugden manifesta muitos aspectos diferentes. Às vezes, ele aparece sob um aspecto pacífico; outras, sob um aspecto irado; algumas vezes, ele aparece como uma pessoa ordenada; outras, como um leigo; às vezes, aparece como um Bodhisattva; outras, como um Hinayanista; algumas vezes, aparece como um não-budista; e outras vezes, ele aparece até mesmo como um ser não humano. Porque existem tantas emanações diferentes dos Budas, é difícil dizer quem é uma emanação e quem não é. A única pessoa sobre a qual podemos ter absoluta certeza é a respeito de nós mesmos – nós é que sabemos se somos um ser vivo ou um Buda; sobre os outros, porém, não temos como saber.

Cada Buda tem a habilidade para manifestar tantas emanações quantos sejam os seres vivos. Essa habilidade é necessária porque, se os Budas permanecessem sob uma única forma, sem quaisquer emanações, eles não seriam capazes de ajudar todos os seres vivos de acordo com as suas diferentes necessidades. Assim, se recusarmos acreditar que um Buda pode ter muitas emanações diferentes, estaremos sustentando, indiretamente, a visão errônea de negar que os Budas podem ajudar todos os seres vivos. No *Sutra Encontro do Pai e do Filho*, Buda Shakyamuni diz:

> Os Budas se manifestam sob muitos aspectos diferentes, tais como Brahma, Indra e, algumas vezes, até mesmo como um mara ou sob o aspecto de uma pessoa malévola – mas as pessoas mundanas não reconhecem essas emanações.

Os Budas podem emanar até mesmo objetos inanimados. Certa vez, o grande mestre indiano Phadampa Sangye viajou ao Tibete. Quando Milarepa ouviu sobre a visita desse grande iogue, decidiu testar suas realizações. Ele foi até a fronteira e esperou pela chegada de Phadampa Sangye. Quando viu que se aproximava, Milarepa transformou-se numa flor para ver se Phadampa Sangye possuía clarividência para ver através do seu disfarce. No entanto, Phadampa

Sangye passou por Milarepa e seguiu em frente, aparentando não ter consciência de sua presença. Enquanto Milarepa pensava "Esse autoproclamado '*iogue*' não tem clarividência", Phadampa Sangye voltou-se e chutou a flor. "Levanta-te, Milarepa!", ele disse, e Milarepa, deleitado por descobrir que Phadampa Sangye era um ser genuinamente realizado, voltou à sua forma habitual para cumprimentá-lo.

Como Tagpo Kelsang Khedrub Rinpoche disse, Dorje Shugden tem se manifestado sob muitas formas diferentes para ajudar os seres vivos. Segue-se, agora, um breve relato de cada uma das encarnações passadas de Dorje Shugden, mencionadas na estrofe citada acima.

## MANJUSHRI

Na época de Buda Shakyamuni, Dorje Shugden apareceu como o Bodhisattva Manjushri, um dos principais discípulos de Buda. Na realidade, Manjushri já havia alcançado a plena iluminação em uma era anterior, muito antes da época de Buda Shakyamuni. No *Sutra Revelando a Morada de Manjushri*, Buda explica que, em um passado remoto, Manjushri havia concluído o Caminho Bodhisattva e alcançado a iluminação na sua Terra Pura como um Buda chamado "Tathagata Luz dos Nagas". No mesmo Sutra, Buda também descreve as muitas Terras Búdicas de Manjushri, e como Manjushri manifesta incontáveis emanações para ajudar os seres vivos.

Embora Manjushri tenha mostrado o aspecto de ser um discípulo de Buda, ele tinha grande poder para ajudar os seres vivos. Às vezes, as pessoas iam a Buda para pedir ajuda e conselhos, mas Buda as encaminhava para Manjushri porque elas tinham uma forte conexão cármica com ele. Algumas tinham uma conexão tão forte com Manjushri que, através de suas bênçãos e habilidade, eram capazes de desenvolver realizações muito poderosas, quase sem esforço algum por parte delas.

Uma pessoa assim foi o Rei Ajatashatru, que havia cometido duas ações particularmente negativas: ele havia matado seu pai e estuprado uma monja plenamente ordenada que era, também, um ser superior. As consequências de tais ações são terríveis. Nos *Sutras Vinaya*, tais ações são denominadas "ações de retribuição imediata" porque, quem quer que execute uma ação como essa terá, com toda a certeza, um renascimento no reino do inferno imediatamente após a sua morte. De acordo com os *Sutras Vinaya*, é impossível impedir tal renascimento, embora seja possível diminuir sua duração. No entanto, de acordo com os Sutras mahayana, essas pesadas ações negativas podem ser purificadas se os oponentes corretos forem aplicados puramente.

O Rei Ajatashatru desenvolveu intenso remorso por suas ações negativas, e pediu a Buda que lhe desse um método especial para purificá-las. Buda ensinou o *Sutra para Eliminar o Arrependimento de Ajatashatru*, e sugeriu então que o rei buscasse a ajuda do Bodhisattva Manjushri. Imediatamente após ouvir esse conselho, Ajatashatru desenvolveu forte fé em Manjushri. Ele convidou Manjushri à sua casa para um banquete e, após a refeição, levantou-se para oferecer a Manjushri um manto muito valioso; mas, no exato momento em que Ajatashatru oferecia a vestimenta, Manjushri desapareceu. O rei ficou perguntando: "Quem é Manjushri? Onde está Manjushri?". Pensando desse modo, ele realizou que não poderia encontrar um Manjushri verdadeiramente existente, real, e ficou muito próximo de compreender a vacuidade. Já que Manjushri havia desaparecido, o rei decidiu vestir o manto; mas, assim que o colocou ao redor dos ombros, Ajatashatru começou a fazer as mesmas perguntas, agora a respeito de si mesmo: "Quem sou eu? Onde estou? Quem é o rei? Onde está o rei?". Sendo totalmente incapaz de encontrar um *self* verdadeiramente existente, real, ou um rei verdadeiramente existente, real, Ajatashatru obteve uma compreensão da vacuidade. Ele entrou, então, em meditação e alcançou rapidamente uma realização direta da vacuidade, tornando-se um ser superior do Caminho da Visão.

De acordo com os ensinamentos hinayana, uma pessoa que tenha cometido uma das cinco ações de retribuição imediata não tem como se tornar um ser superior naquela mesma vida, mas o ponto de vista Mahayana é diferente. Como resultado das bênçãos de Manjushri, o rei Ajatashatru foi capaz de purificar seu pesado carma negativo e alcançar o Caminho da Visão. Manjushri fez muitas outras ações especiais como esta.

## MAHASIDDHA BIWAWA

Posteriormente, para ajudar o Budadharma a florescer, Manjushri renasceu como o Mahasiddha Biwawa. Biwawa nasceu na Índia, a leste de Bodh Gaya, e entrou para o Monastério de Nalanda numa idade jovem. Embora fosse uma emanação de Manjushri e, portanto, um ser plenamente iluminado, Biwawa estudou e praticou em Nalanda os ensinamentos de Buda, de modo a mostrar um exemplo perfeito de como praticar o caminho à libertação e à iluminação. Durante o dia, ele estudava e meditava nos ensinamentos de Sutra, e, durante a noite, ele praticava os iogas do *Tantra de Heruka*. Como resultado de sua prática pura, ele era capaz de ver diretamente Vajrayogini e seu séquito. Sempre que ele fazia oferendas tsog, Vajrayogini vinha ao seu quarto, juntamente com quinze outras Dakinis com quem ele tinha uma conexão cármica particularmente forte, para participar do banquete festivo.

Infelizmente, os outros monges de Nalanda não reconheciam Vajrayogini e as Dakinis, mas as viam como mulheres comuns. Acreditando que Biwawa estava quebrando seus votos de ordenação, eles se tornaram muito críticos em relação a ele e o apelidaram de "Biwawa", que significa "homem mau". Pensando que o comportamento de Biwawa daria ao monastério uma má reputação, os monges pediram-lhe para que fosse embora. Embora Biwawa nunca tivesse quebrado nenhum de seus votos Vinaya, ele concordou em deixar Nalanda, dizendo: "Sim, eu sou um homem mau, eu irei embora". Ele então entregou suas vestes, trocando-as por roupas de leigo, e deixou o monastério. Então, como um pobre, um mendigo sem abrigo, ele começou a vagar de um lugar para outro.

Primeiramente, ele foi para uma região próxima a Varanasi e viveu numa caverna, no interior de uma floresta. As terras pertenciam a um rei não budista, que tinha um ódio intenso contra os budistas. Um dia, o rei encontrou Biwawa e convidou-o para ir ao palácio, mas quando soube que Biwawa era um budista, ordenou que seus servos o matassem. Os servos tentaram, primeiro, afogar Biwawa, mas foram incapazes de agarrá-lo e jogá-lo no rio. Eles então tentaram enterrá-lo vivo, mas ele reapareceu ileso no dia seguinte. Por fim, eles tentaram queimá-lo até a morte, mas ele novamente reapareceu ileso. Quando o rei viu que Biwawa era capaz de proteger a si mesmo através de seus poderes miraculosos, desenvolveu forte fé nele e no Budadharma, e o rei e todos os seus súditos tornaram-se praticantes budistas e discípulos de Biwawa. Isto cumpriu uma predição feita por um astrólogo no momento do nascimento de Biwawa: de que Biwawa iria se tornar muito poderoso e, através de demonstrar poderes miraculosos, seria a causa para que muitas pessoas ingressassem no Budadharma.

Algum tempo depois, Biwawa viajou para o sul, para o rio Ganges. Quando chegou ao rio, pediu ao barqueiro para que o levasse à outra margem, mas o barqueiro recusou-se, pois Biwawa não tinha dinheiro para pagar-lhe. Biwawa declarou: "Já que este rio flui continuamente, talvez ele esteja cansado e apreciasse descansar", e, fazendo com que as águas do rio se separassem, andou até a outra margem. O barqueiro ficou perplexo e perguntou a Biwawa quem ele era. Biwawa contou-lhe um pouco da sua história de vida, a partir do que o barqueiro desenvolveu grande fé e pediu para se tornar um de seus discípulos. Biwawa aceitou-o como discípulo e deu-lhe muitos ensinamentos. O barqueiro praticou diligentemente e, por fim, tornou-se um iogue altamente realizado chamado Drombi Heruka, um dos Oitenta e Quatro Mahasiddhas.

Continuando com suas viagens, Biwawa chegou a um vilarejo, onde parou numa taverna local. Depois de ter consumido muitas bebidas, a proprietária pediu-lhe que pagasse, mas Biwawa respondeu que não tinha dinheiro. A proprietária ficou com raiva e o ameaçou: "Tens até o pôr do sol para pagar-me; caso contrário, chamarei as autoridades e irão jogá-lo na cadeia!". Biwawa prontamente usou seus poderes miraculosos para interromper o movimento do Sol e o

*As Nove Grandes Mães*

manteve imóvel por três dias inteiros. As pessoas locais ficaram aterrorizadas e maravilhadas com o fato de como uma coisa dessas podia acontecer. Por fim, pediram ao rei que as ajudasse. Quando o rei perguntou a Biwawa o que estava acontecendo, Biwawa respondeu que ele próprio era o responsável pelo sol não se pôr. "Se eu permitir que o sol se ponha", explicou, "terei de ir para a cadeia". O rei então tranquilizou Biwawa, dizendo que, se ele permitisse o sol se pôr, não teria de pagar pela bebida nem ir para a cadeia. Ao ouvir o perdão do rei, Biwawa ficou deleitado e imediatamente permitiu que o Sol continuasse sua jornada pelo céu!

Como resultado dos feitos extraordinários de Biwawa, muitas pessoas desenvolveram fé nele e no Budadharma. Desse modo, ele conduziu muitas pessoas ao caminho espiritual. Quando os monges de Nalanda ouviram sobre suas atividades, desenvolveram grande arrependimento por tê-lo expulsado e pediram-lhe para que retornasse ao monastério, mas Biwawa declinou do convite.

## PÂNDITA SAKYA

Biwawa renasceu posteriormente no Tibete Ocidental como o grande lama da Tradição Sakya, Sachen Kunga Gyaltsen, mais frequentemente conhecido como Pândita Sakya. Mesmo seres comuns reconheciam que ele era um ser muito especial. Quando era uma criança bem nova, a primeira língua que falou não foi o tibetano, mas o sânscrito, embora nunca tenha sido ensinado a ele. Ele era capaz de memorizar textos mesmo durante seus sonhos. Por exemplo, uma vez sonhou que o grande pândita indiano Vasubandhu estava lhe dando ensinamentos sobre o seu texto *Tesouro de Abhidharma* e, quando acordou, havia memorizado o texto inteiro, que possui quase cinquenta páginas. Seguindo seu Guru, Jetsun Dragpa Gyaltsen, Pândita Sakya estudou e praticou o Sutra e o Tantra e tornou-se um grande erudito e meditador, famoso por sua sabedoria e poderes miraculosos.

O nome de Pândita Sakya espalhou-se amplamente por todas as direções, chegando inclusive até o imperador da China. O imperador manifestou grande interesse e convidou Pândita Sakya para ir à China para que pudesse conhecê-lo pessoalmente. O imperador decidiu usar a visita como uma oportunidade para verificar se Pândita Sakya era realmente iluminado. Ele convocou um mágico altamente qualificado e disse-lhe para emanar um belo palácio, juntamente com servos, decoração e ornamentos magníficos. Naquela época, os mágicos eram muito diferentes daqueles que conhecemos atualmente no Ocidente. Através de uma combinação entre concentração, recitação de mantra e substâncias especiais, eles podiam emanar casas ou, até mesmo, cidades inteiras, por dias ou meses. Infelizmente, eles não tinham poderes para manter suas criações mágicas indefinidamente e, após um tempo, as emanações desapareciam. Porém, enquanto duravam, suas emanações pareciam ser reais, e as pessoas podiam viver nelas sem nunca suspeitarem que eram ilusões criadas magicamente. O imperador pensou que, se Pândita Sakya era realmente iluminado, não seria enganado por um palácio emanado, mas, se fosse apenas uma pessoa comum, ele provavelmente pensaria que fosse real.

Quando Pândita Sakya chegou à China, o imperador levou-o ao palácio emanado e perguntou-lhe o que achava dele, e Pândita Sakya respondeu que era muito belo. "Você acha que esse palácio é real?", inquiriu o imperador. "Sim", respondeu Pândita Sakya, "é claro que é real". Por essa resposta, o imperador concluiu que Pândita Sakya não era verdadeiramente um Buda, mas apenas um ser comum que estava enganando o povo do Tibete e da China. O imperador ordenou então que o mágico reabsorvesse sua emanação, mas, quando tentou fazê-lo, percebeu que não conseguia. Sem que o imperador e o mágico tomassem conhecimento, Pândita Sakya havia utilizado de seus próprios poderes miraculosos para transformar o palácio emanado em um palácio real! Quando descobriu isso, o imperador ficou repleto de remorso por ter desenvolvido tais pensamentos negativos sobre Pândita Sakya. Ele desenvolveu, imediatamente, forte fé nele e tornou-se um de seus discípulos. É dito que o palácio ainda existe atualmente como um templo, conhecido como "O Templo Emanação".

## BUTON RINCHEN DRUB

Posteriormente, Pândita Sakya renasceu como Buton Rinchen Drub. Ele nasceu no Tibete Ocidental, próximo ao local onde o Monastério Tashilhunpo está agora situado, e foi ordenado monge numa idade muito nova. Mesmo quando ainda era criança, seus pais compreenderam que era um ser muito especial. A criança conversava frequentemente com Manjushri, tão naturalmente como se estive conversando com uma outra pessoa, e ficava claro, através de suas palavras e de suas ações, que ele já havia alcançado grande compaixão e bodhichitta.

Embora Buton não fizesse muito esforço para aprender sânscrito, era capaz de compreendê-lo com muita facilidade. Ele traduziu textos sânscritos que nunca haviam sido traduzidos para o tibetano e corrigiu muitas traduções anteriores. Ele se tornou um lama muito elevado e famoso, um erudito versado nos Sutras e nos Tantras, e escreveu 26 volumes de comentários extensos sobre temas do Kangyur e do Tengyur. Os trabalhos de Buton são tão vastos que é difícil para pessoas comuns compreendê-los na sua totalidade e determinar seu significado essencial, mas eles podem ser compreendidos claramente se seguirmos as explicações de Je Tsongkhapa. Os trabalhos de Buton e os trabalhos de Je Tsongkhapa estão relacionados de maneira muito próxima. É dito que, se quiser conhecer muitas coisas diferentes, você deve ler os livros de Buton, e se quiser chegar a conclusões definitivas, deve ler os trabalhos de Je Tsongkhapa.

Buton enfatizou, principalmente, a necessidade de praticar o Budadharma puramente. Comparado com suas encarnações anteriores, demonstrou pouquíssimos poderes miraculosos, investindo a maior parte do seu tempo ensinando e escrevendo. Na época de Manjuhsri e de Mahasiddha Biwawa, as pessoas tinham, em geral, mais mérito e mentes mais puras e, portanto, a demonstração de poderes miraculosos era, frequentemente, algo muito poderoso e efetivo para fazer com que desenvolvessem fé e outras realizações. Entretanto, à medida que os tempos tornaram-se mais degenerados, as pessoas passaram a ter menos mérito, e suas mentes ficaram menos puras. Para elas, a exibição de poderes miraculosos passou a produzir o resultado oposto ao esperado, dando surgimento a dúvidas, ceticismo, inveja e outras mentes negativas, em vez de mentes puras, como a fé. As pessoas chegavam até mesmo a suspeitar que aqueles que mostravam poderes miraculosos utilizavam esses poderes para fins pessoais ou políticos, e aqueles que tinham segredos escusos sentiam-se amedrontados de estarem expostos. Em tais situações, aqueles que mostravam poderes miraculosos viam-se, às vezes, com suas vidas ameaçadas. Além disso, havia o perigo de que atraíssem apenas discípulos ansiosos por poderes miraculosos para si próprios. Foi por essas razões que, posteriormente, Je Tsongkhapa proibiu seus discípulos de mostrarem poderes miraculosos. Desse modo, as encarnações posteriores de Manjushri colocaram cada vez menos ênfase em poderes miraculosos, escolhendo, em vez disso, ajudar os seres vivos por meio de mostrar um exemplo perfeito e de dar instruções claras e precisas sobre o caminho à iluminação. Assim, seres realizados (como Pândita Sakya e Buton Rinchen Drub) mostravam aos praticantes como meditar corretamente e como obter experiência das etapas do caminho, conduzindo-os a profundas realizações de concentração e sabedoria. Desse modo, eles domavam as mentes deludidas de seus discípulos e os conduziam à libertação do sofrimento e à felicidade pura.

## DULDZIN DRAGPA GYALTSEN

Buton Rinchen Drub renasceu, mais tarde, no Tibete Central como Duldzin Dragpa Gyaltsen, que se tornou um dos principais discípulos de Je Tsongkhapa. Assim como Je Tsongkhapa, ele foi um praticante muito puro do Vinaya, razão pela qual foi chamado "Duldzin", que é uma abreviação para "*dulwa dzinpa*", ou "Detentor do Vinaya".

Embora Duldzin mostrasse o aspecto de ser um discípulo de Je Tsongkhapa, ele era, na verdade, uma emanação de Manjushri.

Assim, tanto o professor como o discípulo eram emanações de Manjushri. Do ponto de vista dos seres comuns, isso pode parecer uma contradição, mas, na verdade, não é. Quando estava ensinando os Sutras e Tantras, Buda manifestava-se algumas vezes como o professor e como os principais interlocutores que ajudavam o discurso a se desenvolver. Em um dos Tantras, Buda Vajradhara disse: "Eu sou o professor e sou o discípulo. Eu sou o orador e sou o ouvinte". Há Tantras que foram solicitados por Vajrapani, que, naquele momento da solicitação, era uma emanação de Vajradhara; e frequentemente, na audiência, havia muitas outras emanações. Visto que Manjushri é um Buda, ele também pode manifestar incontáveis emanações simultaneamente e, portanto, não é impossível que tanto Je Tsongkhapa quanto Duldzin Dragpa Gyaltsen fossem suas emanações.

A principal atividade de Duldzin Dragpa Gyaltsen era ajudar os ensinamentos de Je Tsongkhapa a florescerem. Ele trabalhou para remover obstáculos e reunir condições favoráveis para a disseminação desses ensinamentos preciosos. Era o desejo de Je Tsongkhapa que o Dharma especial advindo da sabedoria de Manjushri pudesse ser difundido amplamente; e Duldzin, seu discípulo devotado, trabalhou incansavelmente para cumprir o desejo do seu Guru.

Je Tsongkhapa viajava extensivamente, atendendo a convites para dar ensinamentos, e se empenhava também em retiros profundos, com o propósito de escrever e meditar; e enquanto estava ausente, deixava Duldzin encarregado de seus afazeres. Foi Duldzin Dragpa Gyaltsen, por exemplo, quem organizou a construção do Monastério Ganden.

Em vez de demonstrar poderes miraculosos, Duldzin mostrou como praticar o puro Dharma por meio de confiar sinceramente em seu Guia Espiritual, manter disciplina moral pura, e assim por diante. Assim como Je Tsongkhapa, ele mostrou que não há contradição entre as práticas exteriores do Vinaya, as práticas interiores do Caminho Bodhisattva, e as práticas secretas dos estágios de geração e de conclusão do Tantra Ioga Supremo.

Os discípulos de Je Tsongkhapa acreditavam que Duldzin Dragpa Gyaltsen e Je Tsongkhapa eram iguais em termos de suas realizações, habilidades e sabedoria. Quando Je Tsongkhapa faleceu, seu trono foi oferecido primeiro a Duldzin, mas, ao invés de aceitá-lo, Duldzin declinou da honra e ofereceu-o a Gyaltsabje, dizendo: "Deves te tornar o segundo detentor do trono de Ganden. Deves ensinar o Dharma de Je Tsongkhapa e difundi-lo amplamente. Eu ajudarei o teu trabalho a ser bem-sucedido, eliminando os obstáculos e reunindo as condições apropriadas".

## PANCHEN SONAM DRAGPA

Duldzin Dragpa Gyaltsen renasceu posteriormente no Tibete Central e veio a ser um lama especial, conhecido como Panchen Sonam Dragpa. Assim como Duldzin, ele trabalhou para remover obstáculos ao florescimento da tradição de Je Tsongkhapa e para reunir as condições conducentes a esse objetivo.

Panchen Sonam Dragpa foi um lama incomparável pois, em diferentes momentos de sua vida, veio a se tornar abade da Universidade Tântrica Gyuto, do Monastério Ganden, do Monastério Drepung e do Monastério Sera; e enquanto foi abade do Monastério Ganden, ele também se tornou o 15º detentor do trono de Je Tsongkhapa. Naqueles dias, os abades eram eleitos pelos monges residentes, e o elevado apreço com que Panchen Sonam Dragpa era tido foi demonstrado ao ter sido indicado abade por todos os quatro principais monastérios. Ele é, até hoje, a única pessoa a ter recebido essa honra.

Panchen Sonam Dragpa escreveu muitos comentários aos Sutras e aos Tantras. Atualmente, em Drepung Loseling, o maior monastério gelugpa, assim como em Ganden Shartse, os monges qualificam-se para os seus títulos de Geshe confiando principalmente nas obras desse grande professor. Ele também é altamente respeitado em outros monastérios, tais como o Monastério Sera.

Ao longo de sua vida, Panchen Sonam Dragpa trabalhou para promover a doutrina de Je Tsongkhapa. Quando se tornou o detentor do trono de Je Tsongkhapa, ele escreveu a seguinte prece:

Para que a tradição de Je Tsongkhapa,
O Rei do Dharma, floresça,
Que todos os obstáculos sejam pacificados
E todas as condições favoráveis sejam abundantes.

Algum tempo depois, quando participava do Monlam Chenmo, ou Grande Festival de Preces, criado por Je Tsongkhapa, ele escreveu uma estrofe especial de dedicatória:

Pelas duas coleções, minhas e dos outros,
Reunidas ao longo dos três tempos,
Que a doutrina do Conquistador Losang Dragpa
Floresça para sempre.

Essas preces, que são recitadas todos os dias após ensinamentos e pujas em todos os monastérios e Centros de Dharma gelugpa, indicam que as atividades de Panchen Sonam Dragpa eram as mesmas de Dorje Shugden – trabalhar para fazer com que a doutrina de Je Tsongkhapa floresça.

Mais tarde, Panchen Sonam Dragpa tornou-se o Guia Espiritual da reencarnação do primeiro Dalai-Lama, Je Gendundrub, concedendo-lhe ordenação e dando-lhe o nome de Sonam Gyatso. Foi Sonam Gyatso quem visitou a Mongólia, e impressionou de tal maneira o soberano, Altan Khan, que tanto ele como seus súditos converteram-se ao Budismo. O Khan deu-lhe o título de "Dalai-Lama", que significa "Lama Oceano", em mongol. Embora fosse o primeiro a ser assim chamado, ele se tornou conhecido como o terceiro Dalai-Lama – as suas duas encarnações anteriores (Je Gendundrub e Je Gendun Gyatso) adquiriram, postumamente, os títulos de primeiro e segundo Dalai-Lamas.

Quando Panchen Sonam Dragpa faleceu, ele permaneceu em concentração estritamente focada na clara-luz da morte por quinze dias. Seu corpo então diminuiu até ficar do tamanho de um antebraço, e do seu corpo apareceram muitas estátuas e relíquias. A partir da maneira como morreu, podemos compreender claramente

*Os Oito Monges Plenamente Ordenados*

que ele havia alcançado o corpo-ilusório e era, verdadeiramente, um ser iluminado.

## NGATRUL DRAGPA GYALTSEN

Ngatrul Dragpa Gyaltsen foi a reencarnação de Panchen Sonam Dragpa. Ele viveu no Monastério Drepung no mesmo período que o quinto Dalai-Lama, e ambos estes lamas foram discípulos do primeiro Panchen-Lama, Losang Chokyi Gyaltsen.

Ngatrul Dragpa Gyaltsen estudou os Sutras e os Tantras, principalmente sob a orientação do primeiro Panchen-Lama, e tornou-se um grande erudito e meditador. Ele era altamente respeitado e considerado como sendo um professor muito puro e precioso. Meditando em mais de uma centena de cavernas, recebeu diretamente muitas visões de Budas, Bodhisattvas e Deidades. Ele fez diversas predições, incluindo a de que ele próprio iria se tornar Dorje Shugden. Ngatrul Dragpa Gyaltsen morreu relativamente jovem.

# *A Natureza e Função do Protetor do Dharma*

## A NATUREZA E FUNÇÃO DE DORJE SHUGDEN

**Dorje Shugden e** as Deidades do seu mandala são da mesma natureza que as Deidades do mandala de corpo de Lama Losang Tubwang Dorjechang, que é, em essência, Je Tsongkhapa. Após a morte de Je Tsongkhapa, Khedrubje recebeu cinco visões dele, cada vez aparecendo sob um aspecto diferente. Posteriormente, o grande iogue Dharmavajra viu Je Tsongkhapa no aspecto de Lama Losang Tubwang Dorjechang. Este nome foi dado a Je Tsongkhapa por Manjushri. Ele indica que Je Tsongkhapa é a corporificação do Conquistador Vajradhara e de Buda Shakyamuni. "Losang Dragpa" é o nome de ordenação de Je Tsongkhapa; "Tubwang", ou "O Poderoso Capaz", é um epíteto de Buda Shakyamuni; e "Dorjechang" é o nome tibetano de Vajradhara. Lama Losang Tubwang Dorjechang é um ser iluminado e o principal Campo para Acumular Mérito no Guru-Ioga da *Oferenda ao Guia Espiritual*, ou *Lama Chopa*.

Na verdade, a instrução *Lama Chopa* vem da *Escritura Emanação*, de Manjushri, que inclui instruções especiais sobre o Mahamudra. A *Escritura Emanação*, que não pode ser lida por seres comuns, foi revelada diretamente a Je Tsongkhapa por Manjushri. Ela foi transmitida a sucessivos Gurus-linhagem e, quando chegou ao primeiro Panchen-Lama, Losang Chokyi Gyaltsen, ele extraiu as instruções sobre o *Lama Chopa* e *O Texto-Raiz do Mahamudra, o*

*Caminho Principal dos Conquistadores* e as escreveu em tibetano. Este foi um ato de grande bondade porque significou que, pela primeira vez, seres comuns podiam ler e praticar o *Lama Chopa* e a linhagem próxima especial do Mahamudra Vajrayana. O Guru--Ioga do *Lama Chopa* é uma das práticas mais abençoadas da tradição de Je Tsongkhapa, sendo a prática preliminar essencial ao Mahamudra Vajrayana. Um comentário extenso a essa prática pode ser encontrado no livro *Grande Tesouro de Mérito*.

Há 32 Deidades no mandala de corpo de Lama Losang Tubwang Dorjechang, e são essas Deidades que se manifestam como as 32 Deidades do mandala de Dorje Shugden. Isto foi explicado por Je Phabongkhapa, uma emanação de Heruka, em sua prece a Dorje Shugden:

> Os agregados, elementos, fontes e membros de Lama Losang Tubwang Dorjechang
> Aparecem no aspecto das Cinco Linhagens de Dorje Shugden e de seus séquitos.
> Compreendendo que, na verdade, estou praticando o ioga das trinta e duas Deidades do mandala de corpo,
> Eu ofereço esta prática a vós, Ó Cinco Linhagens de Dorje Shugden; por favor, aceitai com deleite.

A maneira como as 32 Deidades do mandala de Dorje Shugden estão relacionadas às Deidades do mandala de corpo de Lama Losang Tubwang Dorjechang é mostrada no quadro que está no Apêndice II.

Dentre as Deidades das Cinco Linhagens de Dorje Shugden, a Deidade principal é Duldzin Dorje Shugden. Ele é uma manifestação do agregado consciência de Lama Losang Tubwang Dorjechang. Vairochana Shugden é uma manifestação do agregado forma de Lama Losang Tubwang Dorjechang; Ratna Shugden é uma manifestação do seu agregado sensação; Pema Shugden é uma manifestação do seu agregado discriminação; e Karma Shugden é uma manifestação do seu agregado fatores de composição.

Muitas sadhanas de Dorje Shugden afirmam que Dorje Shugden é a corporificação do "Guru, Yidam e Protetor". Aqui, "Guru" refere-se especificamente a Lama Tsongkhapa. Assim, quando praticamos a sadhana de Dorje Shugden, estamos a praticar indiretamente o Guru-Ioga de Je Tsongkhapa, assim como as práticas de Yamantaka e de Kalarupa. Atisha costumava dizer: "Alguns de vocês, tibetanos, têm tentado obter a realização de uma centena de Deidades, mas têm falhado para alcançar uma única aquisição, ao passo que alguns budistas indianos têm obtido as aquisições de uma centena de Deidades através de realizar a prática de apenas uma". Devemos ter em mente o comentário de Atisha e compreender que é muito mais significativo praticar uma Deidade sinceramente, considerando a Deidade como a síntese de todas as Deidades, em vez de praticar muitas Deidades superficialmente.

Algumas pessoas acreditam que Dorje Shugden é uma emanação de Manjushri que se apresenta sob o aspecto de um ser mundano, mas isto é incorreto. Até mesmo a forma de Dorje Shugden revela as etapas completas do caminho do Sutra e do Tantra, e tais qualidades não são possuídas pelas formas dos seres mundanos. Dorje Shugden aparece como um monge plenamente ordenado, para mostrar que a prática da disciplina moral pura é essencial para aqueles que desejam alcançar a iluminação. Na sua mão esquerda, ele segura um coração, que simboliza grande compaixão e grande êxtase espontâneo – a essência de todas as etapas do caminho vasto do Sutra e do Tantra. Seu chapéu redondo amarelo representa a visão de Nagarjuna, e a espada de sabedoria na sua mão direita nos ensina a cortar a ignorância, a raiz do samsara, com a lâmina afiada da visão de Nagarjuna. Essa é a essência de todas as etapas do caminho profundo do Sutra e do Tantra.

Dorje Shugden monta um leão-das-neves, o símbolo dos quatro destemores de um Buda, e tem um mangusto cuspidor-de-joias aninhado no seu braço esquerdo, simbolizando seu poder de conceder prosperidade àqueles que depositam confiança nele. O olho no centro de sua testa simboliza sua sabedoria onisciente, que percebe direta e simultaneamente todos os fenômenos passados, presentes e futuros. Sua expressão irada indica que ele destrói a ignorância, o verdadeiro inimigo de todos os seres vivos, abençoando-os com grande sabedoria, e indica também que ele destrói os obstáculos dos praticantes puros de Dharma.

Cada uma das 32 Deidades do mandala de Dorje Shugden tem uma função específica, que estão explicadas em uma prece escrita por Sachen Kunlo, um dos grandes lamas Sakya. Nessa prece, ele explica que a função de Duldzin Dorje Shugden, a Deidade principal do mandala, é conduzir os seguidores fiéis a caminhos espirituais corretos por meio de conceder-lhes grande sabedoria; a função de Vairochana Shugden é ajudar-nos a pacificar nosso carma negativo e obstáculos; a função de Ratna Shugden é ajudar-nos a aumentar nossa boa fortuna, tempo de vida e realizações virtuosas; a função de Pema Shugden é ajudar-nos a controlar nossa própria mente, de modo que possamos ajudar os outros a alcançarem estados mentais controlados, calmos e pacíficos; e a função de Karma Shugden é superar os quatro maras e espíritos malévolos que tentam prejudicar os discípulos fiéis. As Nove Grandes Mães ajudam os seguidores fiéis de Dorje Shugden em suas práticas tântricas; os Oito Monges Plenamente Ordenados ajudam esses praticantes em suas práticas de Sutra; e as Dez Deidades Iradas prestam auxílio nas suas diversas atividades diárias. Nestes tempos espiritualmente degenerados, os praticantes de Dharma experienciam muitos obstáculos, mas, se confiarmos em Dorje Shugden com fé inabalável, ele cuidará de nós como um pai cuida de seus filhos.

Em geral, todos os praticantes budistas precisam desenvolver fé inabalável em Buda Shakyamuni, pois, sem essa fé, sua prática de Dharma terá pouco poder e trará poucos resultados; e, em particular, todos os praticantes gelugpa precisam desenvolver fé firme e duradoura em Je Tsongkhapa; caso contrário, eles nunca experienciarão as qualidades exclusivas de sua doutrina. Fé é a verdadeira raiz de toda experiência de Dharma. Os praticantes gelugpa que têm confiança sincera em Dorje Shugden não terão dificuldade em gerar fé inabalável em Je Tsongkhapa. As suas práticas de visão, meditação e ação irão se tornar puras naturalmente, e eles realizarão facilmente as qualidades incomuns especiais dos ensinamentos de Je Tsongkhapa. Desse modo, esses praticantes serão capazes de obter experiência das etapas do caminho do Sutra e do Tantra sem nenhuma dificuldade.

## OS BENEFÍCIOS DE CONFIAR EM DORJE SHUGDEN

Se pudermos compreender bem a natureza e funções de Dorje Shugden, poderemos compreender os benefícios de confiar nele. Dorje Shugden sempre ajuda, guia e protege os praticantes puros e fiéis, por meio de lhes conceder bênçãos, aumentar sua sabedoria, satisfazer seus desejos e de lhes proporcionar sucesso em todas as suas atividades virtuosas. Dorje Shugden não ajuda apenas os gelugpas; visto que Dorje Shugden é um Buda, ele ajuda todos os seres vivos, incluindo os não budistas. O Sol beneficia a todos, até mesmo aqueles que nasceram cegos, dando-lhes calor e amadurecendo as colheitas que irão se transformar no seu alimento; mas, se pudessem obter a visão, quão mais óbvios seriam esses benefícios! De modo semelhante, embora Dorje Shugden proteja inclusive aqueles que não fazem esforço algum para confiar nele, quando os olhos de nossa fé em Dorje Shugden se abrirem e confiarmos sinceramente nele, gradualmente nos tornaremos mais conscientes da ajuda que recebemos dele. Se desejarmos sinceramente experienciar os benefícios de confiar em Dorje Shugden, precisamos confiar nele constantemente por um longo período, aprimorando, firme e continuamente, nossa conexão com ele. Desse modo, começaremos a notar sua influência benéfica em nossas vidas.

Devemos compreender que a função principal de um Protetor do Dharma é proteger a nossa prática de Dharma – sua função principal não é nos ajudar em nossos assuntos mundanos. Mantendo isso em mente, não devemos ficar desencorajados se não nos tornarmos muito ricos repentinamente, pois riqueza não ajuda, necessariamente, nossa prática espiritual, podendo vir a se tornar uma grande distração. Se confiarmos sinceramente em

*As Dez Deidades Iradas*

Dorje Shugden, ele irá reunir as condições que são mais conducentes à nossa prática de Dharma, mas essas condições não serão, necessariamente, aquelas que teríamos escolhido para nós mesmos! Dorje Shugden abençoará nossas mentes para nos ajudar a transformar situações difíceis em caminho espiritual, e abrirá os olhos de sabedoria dos seus seguidores fiéis, capacitando-os a tomar sempre as decisões corretas. Embora possam estar fisicamente sozinhos, aqueles que interiormente colocam sua confiança nele nunca estarão separados de um poderoso aliado e de um guia sábio e compassivo.

Um lama chamado Gyara Tulku Rinpoche, do Monastério Drepung Loseling, escreveu uma prece a Dorje Shugden, expressando sua gratidão. Nessa prece, ele diz:

> Primeiro, tu me deste um Guia Espiritual altamente
> qualificado,
> Sob o qual estudei e pratiquei o Dharma.
> Quando, por seguir conselhos enganosos, estive muito
> próximo de ingressar em caminhos errôneos,
> Tu imediatamente me trouxeste para o caminho correto.

Esse lama passou muitos anos em um país onde ele sequer conhecia a língua e onde as condições eram muito difíceis. No entanto, ele se tornou altamente respeitado, e muitas pessoas buscavam seus sábios conselhos. Ele realizou que todo o seu progresso espiritual, felicidade, saúde e sucesso vinham de Dorje Shugden, e não de si próprio. Na mesma prece, ele escreveu:

> Ó Duldzin, Rei do Dharma, agradeço-te por tua bondade.
> Teu corpo é a síntese de todas as Joias Sangha,
> Tua fala é a síntese de todas as Joias Dharma,
> E tua mente é a síntese de todas as Joias Buda.

# *A Maneira de Confiar no Protetor do Dharma*

**A maneira de** confiar em Dorje Shugden tem duas partes:

1. A maneira de confiar em Dorje Shugden através de pensamento e de ações;
2. A maneira de praticar a sadhana de Dorje Shugden.

## A MANEIRA DE CONFIAR EM DORJE SHUGDEN ATRAVÉS DE PENSAMENTO E DE AÇÕES

Há duas maneiras de confiar em Dorje Shugden: através de pensamento e através de ações. Se reconhecermos que Dorje Shugden é a corporificação das Três Joias; se nos lembrarmos de sua bondade em proteger e preservar o Budadharma e de como ele elimina obstáculos e reúne as condições necessárias para os praticantes de Dharma; e se, com profunda fé, desenvolvermos respeito por ele e mantivermos continuamente estes sentimentos especiais, estaremos confiando em Dorje Shugden através de pensamento.

Com fé e convicção profundas em Dorje Shugden, podemos praticar sua sadhana extensa, mediana ou condensada. Após concluírmos um retiro-aproximador, podemos nos empenhar em ações pacificadoras, crescentes, controladoras e iradas e alcançar, gradualmente, as aquisições supremas. Dedicando-nos a essas práticas, podemos proteger os outros, ajudando-os a eliminarem seus obstáculos e a desenvolverem sabedoria, a encontrarem as condições certas, ou propícias, para praticar o Dharma, a satisfazerem seus desejos e serem bem-sucedidos em suas vidas diárias. Sempre que nos empenhamos com fé em qualquer uma destas ações, estamos confiando em Dorje Shugden através de ações.

Há muitos comentários, rituais e sadhanas relacionados a Dorje Shugden que foram escritos por elevados lamas das tradições Sakya e Gelugpa. Para os seres desta época atual, Vajradhara Trijang Rinpoche (já falecido, e que foi a corporificação de Buda Shakyamuni, Heruka, Atisha e Je Tsongkhapa) escreveu seu grande comentário a *Éons Infinitos*, o louvor a Dorje Shugden escrito por Tagpo Kelsang Khedrub Rinpoche. Ele também escreveu muitos rituais e iogas especiais para se obter diferentes aquisições relacionadas a Dorje Shugden. Pela sua grande bondade, e por seguir seus escritos, eu tive a oportunidade de escrever este breve comentário sobre Dorje Shugden.

## A MANEIRA DE PRATICAR A SADHANA DE DORJE SHUGDEN

Há sadhanas comuns e sadhanas especiais de Dorje Shugden. As sadhanas comuns, tais como a sadhana *Joia-Coração*, podem ser praticadas por qualquer pessoa que tenha fé, independentemente dela ter ou não recebido uma iniciação do Tantra Ioga Supremo ou uma iniciação de bênçãos de Dorje Shugden. Começamos praticando *As Centenas de Deidades da Terra Alegre*, que é a primeira parte da sadhana *Joia-Coração*, até dissolvermos Guru Tsongkhapa em nosso coração e recitar as preces dedicatórias. Essa prática ajuda-nos a desenvolver uma forte conexão com Dorje Shugden. Depois, recitamos a sadhana comum de Dorje Shugden, com a qual fazemos oferendas e pedidos para a eliminação de obstáculos e rezamos para alcançarmos quaisquer condições de que necessitamos para a nossa prática e para que o Budadharma floresça.

Se tivermos recebido uma iniciação do Tantra Ioga Supremo, podemos praticar as sadhanas incomuns, tais como a sadhana

*Joia-Que-Satisfaz-Os-Desejos*, que pode ser encontrada no Apêndice III. Tendo praticado *As Centenas de Deidades da Terra Alegre* e absorvido o Guru em nosso coração, devemos nos gerar como o nosso Yidam, convidar Dorje Shugden e, então, fazer oferendas e pedidos de acordo com as palavras da sadhana.

Em conclusão, precisamos reconhecer que a sabedoria de todos os Budas aparece no aspecto de Manjushri, que, por sua vez, aparece no aspecto de Je Tsongkhapa, e que, por sua vez, aparece como Dorje Shugden. Mantendo esse reconhecimento em mente, devemos desenvolver e manter fé inabalável em Buda, Manjushri, Je Tsongkhapa e Dorje Shugden.

## *Dedicatória*

Por minhas virtudes advindas de escrever este livro com motivação pura,
Que todos os seres vivos, durante todas as suas vidas,
Nunca sejam separados do pacífico e irado Manjushri,
Mas estejam sempre sob seus cuidados.

# *Apêndice I*

# *O Sentido Condensado do Comentário*

# *O Sentido Condensado do Comentário*

O comentário à sadhana *Joia-Coração*, as práticas essenciais do Budismo Kadampa, tem três partes:

1. A instrução do Guru-Ioga de Je Tsongkhapa de acordo com a linhagem Segyu;
2. Confiar no Protetor do Dharma;
3. Dedicatória.

*A instrução do Guru-Ioga de Je Tsongkhapa de acordo com a linhagem Segyu* tem duas partes:

1. Introdução;
2. A prática propriamente dita da instrução.

A *introdução* tem três partes:

1. Je Tsongkhapa;
2. A história e a linhagem da instrução;
3. Os benefícios desta prática.

*A prática propriamente dita da instrução* tem três partes:

1. A prática propriamente dita;
2. Uma explicação da prece *Migtsema*;
3. Como fazer um retiro-aproximador *Migtsema*.

*A prática propriamente dita* tem duas partes:

1. A prática durante a sessão de meditação;
2. A prática durante o intervalo entre as meditações.

*A prática durante a sessão de meditação* tem cinco partes:

1. As práticas preliminares de buscar refúgio e gerar bodhichitta;
2. Convidar o Campo para Acumular Mérito;
3. Acumular mérito;
4. Receber aquisições por meio de fazer pedidos;
5. Conclusão.

*As práticas preliminares de buscar refúgio e gerar bodhichitta* têm quatro partes:

1. Os objetos de refúgio;
2. Gerar as causas de buscar refúgio;
3. A prece de buscar refúgio;
4. Gerar bodhichitta.

*Acumular mérito* tem oito partes:

1. Rogar ao Guia Espiritual que permaneça por um longo tempo;
2. Prostração;
3. Oferenda;
4. Purificação;
5. Regozijo;
6. Pedir que gire a Roda do Dharma;
7. Dedicatória;
8. Oferecer o mandala.

*Receber aquisições por meio de fazer pedidos* tem duas partes:

1. Fazer pedidos;
2. Receber aquisições.

*Fazer pedidos* tem três partes:

1. Fazer pedidos, considerando as qualidades exteriores de Je Tsongkhapa;
2. Fazer pedidos, considerando as qualidades interiores de Je Tsongkhapa;
3. Fazer pedidos, considerando as qualidades secretas de Je Tsongkhapa.

*Receber aquisições* tem duas partes:

1. Purificar impurezas;
2. Alcançar sabedoria e obter as realizações das etapas do caminho.

*Alcançar sabedoria e obter as realizações das etapas do caminho* tem duas partes:

1. Alcançar sabedoria;
2. Obter as realizações das etapas do caminho.

*Alcançar sabedoria* tem duas partes:

1. Uma introdução aos sete tipos de sabedoria;
2. A prática propriamente dita.

*Uma introdução aos sete tipos de sabedoria* tem sete partes:

1. Grande sabedoria;
2. Sabedoria clara;
3. Sabedoria rápida;
4. Sabedoria profunda;
5. A sabedoria de expor o Dharma;
6. A sabedoria do debate espiritual;
7. A sabedoria de escrever livros de Dharma.

*A prática propriamente dita* tem sete partes:

1. Receber a aquisição da grande sabedoria;
2. Receber a aquisição da sabedoria clara;
3. Receber a aquisição da sabedoria rápida;
4. Receber a aquisição da sabedoria profunda;
5. Receber a aquisição da sabedoria de expor o Dharma;
6. Receber a aquisição da sabedoria do debate espiritual;
7. Receber a aquisição da sabedoria de escrever livros de Dharma.

*Uma explicação da prece Migtsema* tem duas partes:

1. Uma explicação do primeiro verso;
2. Uma explicação dos demais quatro versos.

*Uma explicação do primeiro verso* tem três partes:

1. Em relação às preeminentes qualidades de seus ensinamentos, Je Tsongkhapa é inigualável dentre todos os eruditos tibetanos;
2. Em relação ao seu exemplo prático, Je Tsongkhapa é inigualável dentre todos os eruditos tibetanos;
3. Em relação às suas atividades de Dharma, Je Tsongkhapa é inigualável dentre todos os eruditos tibetanos.

*Como fazer um retiro-aproximador Migtsema* tem quatro partes:

1. O que é um retiro?;
2. As condições necessárias para um retiro-aproximador *Migtsema*;
3. As preparações para um retiro-aproximador *Migtsema*;
4. A prática de um retiro-aproximador de ações *Migtsema*.

*A prática de um retiro-aproximador de ações Migtsema* tem duas partes:

1. A prática durante a sessão de meditação;
2. A prática durante o intervalo entre as meditações.

*A prática durante a sessão de meditação* tem três partes:

1. As práticas preliminares;
2. A prática propriamente dita;
3. Conclusão.

*A prática propriamente dita* tem seis partes:

1. Purificar nosso corpo e mente por meio de meditar na vacuidade;
2. Transformar a base de designação do nosso *eu* por meio de nos gerarmos como Guru Tsongkhapa;
3. Meditar em orgulho divino;
4. Meditar em clara aparência;
5. Recitar os mantras;
6. A prática da geração-em-frente.

*Transformar a base de designação do nosso eu por meio de nos gerarmos como Guru Tsongkhapa* tem quatro partes:

1. O que é a base de designação do nosso *eu*?;
2. Por que precisamos mudar a base de designação do nosso *eu*?;
3. Como é possível mudar a base de designação do nosso *eu*?;
4. Como mudar a base de designação do nosso *eu*?

*Confiar no Protetor do Dharma* tem cinco partes:

1. Uma introdução ao Protetor do Dharma Dorje Shugden;
2. As encarnações anteriores de Dorje Shugden;
3. A natureza e função de Dorje Shugden;
4. Os benefícios de confiar em Dorje Shugden;
5. A maneira de confiar em Dorje Shugden.

*As encarnações anteriores de Dorje Shugden* tem sete partes:

1. Manjushri;
2. Mahasiddha Biwawa;

3. Pândita Sakya;
4. Buton Rinchen Drub;
5. Duldzin Dragpa Gyaltsen;
6. Panchen Sonam Dragpa;
7. Ngatrul Dragpa Gyaltsen.

*A maneira de confiar em Dorje Shugden* tem duas partes:

1. A maneira de confiar em Dorje Shugden através de pensamento e de ações;
2. A maneira de praticar a sadhana de Dorje Shugden.

# *Apêndice II*

# *O Mandala do Protetor do Dharma*

# *O Mandala do Protetor do Dharma*

| **Parte do corpo de Lama Losang Tubwang Dorjechang** | **Deidade correspondente do mandala de corpo** | **Deidade correspondente do mandala de Dorje Shugden** |
|---|---|---|
| *Os cinco agregados* | *As Cinco Linhagens de Buda* | *As Cinco Linhagens de Dorje Shugden* |
| forma | Vairochana | Vairochana Shugden |
| discriminação | Amitabha | Pema Shugden |
| consciência | Akshobya | Dorje Shugden |
| sensação | Ratnasambhava | Ratna Shugden |
| fatores de composição | Amoghasiddhi | Karma Shugden |
| *Os quatro elementos* | *As Quatro Mães* | *As Nove Grandes Mães* |
| terra | Lochana | Lochana |
| água | Mamaki | Mamaki |
| fogo | Benzarahi | Benzarahi |
| vento | Tara | Tara |
| *As cinco fontes-objeto* | *As Cinco Deusas* | *As Nove Grandes Mães (cont.)* |
| formas | Rupavajra | Rupavajra |
| sons | Shaptavajra | Shaptavajra |
| odores | Gändhavajra | Gändhavajra |
| sabores | Rasavajra | Rasavajra |
| objetos táteis | Parshavajra | Parshavajra |

| **Parte do corpo de Lama Losang Tubwang Dorjechang** | **Deidade correspondente do mandala de corpo** | **Deidade correspondente do mandala de Dorje Shugden** |
|---|---|---|
| *As oito partes do corpo* | *Os Oito Principais Bodhisattvas* | *Os Oito Monges Plenamente Ordenados* |
| faculdade sensorial visual | Ksitigarbha | Ksitigarbha |
| faculdade sensorial auditiva | Vajrapani | Vajrapani |
| faculdade sensorial olfativa | Akashagarbha | Akashagarbha |
| faculdade sensorial gustativa | Avalokiteshvara | Avalokiteshvara |
| faculdade sensorial tátil | Sarvanivaranaviskambini | Sarvanivaranaviskambini |
| faculdade mental | Manjushri | Manjushri |
| veias | Maitreya | Maitreya |
| articulações | Samantabhadra | Samantabhadra |
| *As dez partes do corpo* | *As Dez Deidades Iradas* | *As Dez Deidades Iradas* |
| mão direita | Yamantaka | Yamantaka |
| mão esquerda | Aparajita | Aparajita |
| boca | Hayagriva | Hayagriva |
| ombro direito | Achala | Achala |
| ombro esquerdo | Takkiraja | Takkiraja |
| joelho direito | Niladanda | Niladanda |
| joelho esquerdo | Mahabala | Mahabala |
| coroa | Ushnishachakravarti | Ushnishachakravarti |
| solas dos pés | Sumbharaja | Sumbharaja |
| lugar secreto | Amritakundalini | Amritakundalini |

# *Apêndice III*
# *Sadhanas*

CONTEÚDO

# *Prece Libertadora*

## Louvor a Buda Shakyamuni

Ó Abençoado, Shakyamuni Buda,
Precioso tesouro de compaixão,
Concessor de suprema paz interior,

Tu, que amas todos os seres sem exceção,
És a fonte de bondade e felicidade,
E nos guias ao caminho libertador.

Teu corpo é uma joia-que-satisfaz-os-desejos,
Tua fala é um néctar purificador e supremo
E tua mente, refúgio para todos os seres vivos.

Com as mãos postas, me volto para ti,
Amigo supremo e imutável,
E peço do fundo do meu coração:

Por favor, concede-me a luz de tua sabedoria
Para dissipar a escuridão da minha mente
E curar o meu continuum mental.

Por favor, me nutre com tua bondade,
Para que eu possa, por minha vez, nutrir todos os seres
Com um incessante banquete de deleite.

Por meio de tua compassiva intenção,
De tuas bênçãos e feitos virtuosos
E por meu forte desejo de confiar em ti,

Que todo o sofrimento rapidamente cesse,
Que toda a felicidade e alegria aconteçam
E que o sagrado Dharma floresça para sempre.

**Cólofon:** Esta prece foi escrita por Venerável Geshe Kelsang Gyatso Rinpoche e é recitada no início de ensinamentos, meditações e preces nos Centros Budistas Kadampas em todo o mundo.

# *Joia-Coração*

O GURU-IOGA DE JE TSONGKHAPA,
ASSOCIADO À SADHANA CONDENSADA
DO SEU PROTETOR DO DHARMA

# *Joia-Coração*

**Buscar refúgio**

Eu e todos os seres sencientes, até alcançarmos a iluminação,
Nos refugiamos em Buda, Dharma e Sangha. (3x)

**Gerar bodhichitta**

Pelas virtudes que coleto, praticando o dar e as outras perfeições,
Que eu me torne um Buda para o benefício de todos. (3x)

**Convidar Je Tsongkhapa**

Do coração do Protetor das centenas de Deidades da Terra Alegre,
Ao topo de uma nuvem como coalhada branca e fresca,
Ó Todo-Conhecedor Losang Dragpa, Rei do Dharma,
Por favor, vem a este lugar juntamente com teus Filhos.

**Prece dos sete membros**

No espaço a minha frente, sobre um trono de leões, lótus e lua,
Os veneráveis Gurus sorriem com deleite.
Ó Supremo Campo de Mérito para a minha mente de fé,
Por favor, permanece por cem éons para difundir a doutrina.

Tua mente de sabedoria compreende a extensão integral
dos objetos de conhecimento,
Tua eloquente fala é o ornamento-orelha dos afortunados,
Teu lindo corpo brilha com a glória do renome,
Prostro-me a ti, que és tão significativo de ver, ouvir e recordar.

Agradáveis oferendas de água, diversas flores,
Incenso de doce aroma, luzes, água perfumada e assim
por diante,
Uma vasta nuvem de oferendas, tanto as efetivas como
as imaginadas,
Ofereço a ti, Ó Supremo Campo de Mérito.

Sejam quais forem as não-virtudes de corpo, fala e mente
Que tenho acumulado desde tempos sem início,
Especialmente as transgressões dos meus três votos,
Com grande remorso, confesso uma a uma do fundo de meu
coração.

Nesta era degenerada, te empenhaste em muito estudo e realização.
Abandonando os oito interesses mundanos, tornaste
significativos tuas liberdades e dotes.
Ó Protetor, regozijo-me do fundo de meu coração,
Na grande onda de teus feitos.

Das ondulantes nuvens de sabedoria e de compaixão
No espaço do vosso Corpo-Verdade, Ó Veneráveis e Sagrados
Gurus,
Por favor, derramai uma chuva do Dharma vasto e profundo
Apropriado aos discípulos deste mundo.

Pelas virtudes que aqui acumulei,
Que a doutrina e todos os seres vivos recebam todo benefício.
Especialmente, que a essência da doutrina
Do Venerável Losang Dragpa brilhe para sempre.

**Oferecer o mandala**

O chão espargido com perfume e salpicado de flores,
A Grande Montanha, quatro continentes, Sol e Lua,
Percebidos como Terra de Buda e assim oferecidos,
Que todos os seres desfrutem dessas Terras Puras.

IDAM GURU RATNA MANDALAKAM NIRYATAYAMI

## Prece *Migtsema*

Tsongkhapa, ornamento-coroa dos eruditos da Terra das Neves,
Tu és Avalokiteshvara, o tesouro de inobservável compaixão,
Manjushri, a suprema sabedoria imaculada,
E Vajrapani, o destruidor das hostes de maras.
Ó Losang Dragpa, peço a ti, por favor, concede tuas bênçãos.
(7x, 21x, 100x, etc.)

## Prece das Etapas do Caminho

O caminho começa com firme confiança
No meu bondoso mestre, fonte de todo bem;
Ó, abençoa-me com essa compreensão
Para segui-lo com grande devoção.

Esta vida humana, com todas as suas liberdades,
Extremamente rara, com tanta significação;
Ó, abençoa-me com essa compreensão,
Dia e noite, para captar a sua essência.

Meu corpo, qual bolha-d'água,
Decai e morre tão rapidamente;
Após a morte, vêm os resultados do carma,
Qual sombra de um corpo.

Com esse firme conhecimento e lembrança,
Abençoa-me, para ser extremamente cauteloso,
Evitando sempre ações nocivas
E reunindo abundante virtude.

Os prazeres do samsara são enganosos,
Não trazem contentamento, apenas tormentos;
Abençoa-me, para ter o esforço sincero
Para obter o êxtase da liberdade perfeita.

Ó, abençoa-me, para que desse pensamento puro
Resulte contínua-lembrança e imensa cautela,

A fim de manter como minha prática essencial
A raiz da doutrina, o Pratimoksha.

Assim como eu, todas as minhas bondosas mães
Estão se afogando no oceano do samsara;
Para que logo eu possa libertá-las,
Abençoa-me, para treinar a bodhichitta.

Mas não posso tornar-me um Buda
Apenas com isso, sem as três éticas;
Assim, abençoa-me com a força de praticar
Os votos do Bodhisattva.

Por pacificar minhas distrações
E analisar perfeitos sentidos,
Abençoa-me, para logo alcançar a união
Da visão superior com o tranquilo-permanecer.

Quando me tornar um puro recipiente
Pelos caminhos comuns, abençoa-me, para ingressar
Na essência da prática da boa fortuna,
O supremo veículo, Vajrayana.

As duas conquistas dependem, ambas,
De meus sagrados votos e compromissos;
Abençoa-me, para entender isso claramente
E conservá-los à custa da minha vida.

Por sempre praticar em quatro sessões
A via explicada pelos santos mestres,
Ó, abençoa-me, para obter ambos os estágios
Que são a essência dos Tantras.

Que os que me guiam no bom caminho
E meus companheiros tenham longas vidas;
Abençoa-me, para pacificar inteiramente
Todos os obstáculos internos e externos.

Que eu sempre encontre perfeitos mestres
E deleite-me no sagrado Dharma,
Conquiste todos os solos e caminhos velozmente
E obtenha o estado de Vajradhara.

**Receber bênçãos e purificar**

Do coração de todos os seres sagrados, fluem correntes de luz e néctar, concedendo bênçãos e purificando.

**Pedidos para receber as bênçãos do Guru**

Ó Glorioso e precioso Guru-raiz,
Por favor, senta-te no lótus e lua em meu coração.
Por favor, cuida de mim com tua grande bondade
E concede-me as bênçãos de teu corpo, fala e mente.

Ó Glorioso e precioso Guru-raiz,
Por favor, senta-te no lótus e lua em meu coração.
Por favor, cuida de mim com tua grande bondade
E confere-me as aquisições comuns e a suprema.

Ó Glorioso e precioso Guru-raiz,
Por favor, senta-te no lótus e lua em meu coração.
Por favor, cuida de mim com tua grande bondade
E permanece firme até que eu alcance a essência da iluminação.

**Dedicatória**

Por vir sendo cuidado, durante todas as minhas vidas,
Pelo Conquistador Tsongkhapa como meu Guru Mahayana,
Que eu nunca me afaste, sequer por um instante,
Desse excelente caminho louvado pelos Conquistadores.

**Convidar Dorje Shugden e seu séquito**

HUM
Eu tenho a clareza do Yidam.
Diante de mim, no centro de um fogo e vento rubro e negro,
Sobre um lótus e sol, pisoteando demônios e obstrutores,

Está um aterrorizante leão, que é poderoso e alerta.
Sobre ele senta-se o grande rei Dorje Shugden,
A suprema Joia-Coração dos Protetores do Dharma.
Seu corpo está vestido com as vestes de um monge
E usa na cabeça um chapéu redondo, amarelo.
Suas mãos seguram uma espada e um coração de compaixão.
Para seus seguidores, mostra uma expressão de deleite,
Mas, para subjugar demônios e obstrutores, exibe um modo irado.
Está rodeado por um vasto séquito congregado,
Tal como seu atendente Khache Marpo e assim por diante.

Raios de luz saem de meu coração e instantaneamente convidam os seres-de-sabedoria, da esfera da natureza e de todos os diferentes palácios onde residem. Eles se tornam inseparáveis dos seres-de-compromisso.

**Fazer oferendas e pedidos**

HUM
Respeitosamente, me prostro com meu corpo, fala e mente.
Ofereço uma infinidade de oferendas interiores e exteriores,
 formas de êxtase,
Álcool, chá, bolos, leite e coalhada,
Tanto as efetivamente dispostas quanto as mentalmente imaginadas,
 preenchendo todo o espaço.

Compromisso, satisfação, confiança e substâncias apropriadas,
Oferendas exteriores, interiores, secretas, atrativas e de limpeza,
 preenchendo todo o espaço,
Faço essas oferendas a toda a assembleia;
Que eu satisfaça o compromisso-coração e restaure meus
 compromissos quebrados.

Todos os meus pensamentos e ações prejudiciais,
Que tenham ofendido tua mente, Ó Grande Protetor,
Confesso do fundo de meu coração.
Por favor, purifica-os rapidamente e cuida de mim com amor,
 como uma mãe por seu filho.

Rogo a ti, do fundo de meu coração, Ó Suprema Deidade,
Por favor, faz com que a tradição de Je Tsongkhapa floresça,
Estende a vida e as atividades dos gloriosos Gurus,
E aumenta o estudo e a prática do Dharma nas comunidades de Dharma.

Por favor, esteja sempre comigo como a sombra de meu corpo
E concede-me teu inabalável cuidado e proteção.
Destrói todos os obstáculos e condições adversas,
Confere condições favoráveis e satisfaz todos os meus desejos.

Agora é a hora de mostrar claramente tua versátil força,
Pelas tuas quatro ações, que são rápidas, incisivas e desimpedidas,
Para satisfazer rapidamente meus pedidos sinceros e especiais,
De acordo com os meus desejos;

Agora é a hora de distinguir a verdade e a falsidade de ações e efeitos;
Agora é a hora de eliminar as falsas acusações contra o inocente;
Agora é a hora de proteger os miseráveis e desprotegidos;
Agora é a hora de proteger os praticantes de Dharma como teus filhos.

Em resumo, doravante até que eu alcance a essência da iluminação,
Vou honrar-te como a corporificação de meu Guru, Deidade e Protetor.
Assim, por favor, zela por mim durante os três períodos do dia e da noite
E nunca osciles em tuas ações como meu Protetor.

**Pedir a satisfação dos desejos**

HUM
Sempre que teus seguidores com compromissos
Pedem qualquer uma das quatro ações,
Veloz, incisivamente e sem demora, mostras sinais para que todos vejam;
Assim, por favor, executa as ações que agora te peço.

O imaculado sol da tradição de Je Tsongkhapa
Brilha por todo o céu do samsara e do nirvana,
Eliminando a escuridão dos caminhos inferiores e incorretos;
Por favor, faz com que sua luz se espalhe e traga boa fortuna
a todos os seres vivos.

Que os gloriosos Gurus que sustentam essa tradição
Tenham vidas indestrutíveis e tão estáveis quanto o supremo
estandarte da vitória;
Que nos enviem uma chuva de feitos que satisfazem os desejos
dos discípulos,
Para que a doutrina de Je Tsongkhapa venha a florescer.

Aumentando o estudo, a prática, a pura disciplina e a harmonia
Das comunidades que sustentam a imaculada doutrina de Buda
E que mantêm disciplina moral com mentes puras,
Por favor, faz com que a tradição Geden aumente como a Lua
crescente.

Por tuas ações, por favor, satisfaz os desejos essenciais
De todos os praticantes que sustentam o estandarte da vitória
De praticar, estritamente focados, as etapas dos caminhos
do Sutra e do Tantra,
A essência de todos os ensinamentos que eles ouviram.

Os seres por todo este grande mundo estão envolvidos em
diferentes ações
De Dharma, não-Dharma, felicidade, sofrimento, causa e efeito;
Pelos teus habilidosos feitos de proteger e nutrir,
Por favor, conduz todos os seres ao bom caminho da felicidade última.

Em particular, por favor, destrói os obstáculos e as condições
desfavoráveis,
Meus e dos demais praticantes.
Aumenta nossas vidas, nossos méritos e nossos recursos,
E reúne todas as coisas animadas e inanimadas para serem
desfrutadas livremente.

Por favor, fica sempre comigo como a sombra de meu corpo
E cuida sempre de mim como um amigo,
Realizando rapidamente tudo o que eu desejar
E tudo o que eu te pedir.

Por favor, executa imediatamente, sem adiar por um ano ou
sequer por um mês,
Ações adequadas para eliminar todos os obstáculos
Causados por seres desencaminhados, com mentes nocivas,
que tentam destruir a doutrina de Je Tsongkhapa
E, especialmente, pelos que tentam prejudicar os praticantes.

Por favor, permanece sempre neste local, rodeado pelos mais
excelentes prazeres.
Como meu convidado, compartilha continuamente de tormas
e oferendas;
E já que és incumbido de proteger as riquezas e alegrias humanas,
Nunca osciles como meu guardião ao longo do dia e da noite.

Todas as conquistas que eu desejo
Surgem meramente por me lembrar de ti.
Ó Joia-que-Satisfaz-os-Desejos, Protetor do Dharma,
Por favor, realiza todos os meus desejos. (3x)

**Dedicatória**

Por esta virtude que eu rapidamente
Alcance o estado iluminado do Guru
E, então, conduza cada ser vivo
Sem exceção a esse solo.

Por minhas virtudes de praticar com pura motivação,
Que todos os seres vivos, durante todas as suas vidas,
Nunca sejam separados do pacífico e irado Manjushri,
Mas estejam sempre sob seus cuidados.

## Preces pela Tradição Virtuosa

Para que a tradição de Je Tsongkhapa,
O Rei do Dharma, floresça,
Que todos os obstáculos sejam pacificados
E todas as condições favoráveis sejam abundantes.

Pelas duas coleções, minhas e dos outros,
Reunidas ao longo dos três tempos,
Que a doutrina do Conquistador Losang Dragpa
Floresça para sempre.

## Prece *Migtsema* de nove versos

Tsongkhapa, ornamento-coroa dos eruditos da Terra das Neves,
Tu és Buda Shakyamuni e Vajradhara, a fonte de todas as conquistas,
Avalokiteshvara, o tesouro de inobservável compaixão,
Manjushri, a suprema sabedoria imaculada,
E Vajrapani, o destruidor das hostes de maras.
Ó Venerável Guru Buda, síntese das Três Joias,
Com meu corpo, fala e mente, respeitosamente faço pedidos:
Peço, concede tuas bênçãos para amadurecer e libertar a mim e
aos outros,
E confere-nos as aquisições comuns e a suprema. (3x)

**Cólofon:** Esta sadhana, ou prece ritual para obter aquisições espirituais, foi compilada de fontes tradicionais por Venerável Geshe Kelsang Gyatso e traduzida sob sua compassiva orientação.

# *Rei do Dharma*

UM MÉTODO PARA REALIZAR A AUTOGERAÇÃO
COMO JE TSONGKHAPA

# *Rei do Dharma*

**Buscar refúgio**

Eu e todos os seres sencientes, até alcançarmos a iluminação,
Nos refugiamos em Buda, Dharma e Sangha. (3x)

**Gerar bodhichitta**

Pelas virtudes que coleto, praticando o dar e as outras perfeições,
Que eu me torne um Buda para o benefício de todos. (3x)

**Convidar Je Tsongkhapa**

Do coração do Protetor das centenas de Deidades da Terra Alegre,
Ao topo de uma nuvem como coalhada branca e fresca,
Ó Todo-Conhecedor Losang Dragpa, Rei do Dharma,
Por favor, vem a este lugar juntamente com teus Filhos.

**Prece dos sete membros**

No espaço a minha frente, sobre um trono de leões, lótus e lua,
Os veneráveis Gurus sorriem com deleite.
Ó Supremo Campo de Mérito para a minha mente de fé,
Por favor, permanece por cem éons para difundir a doutrina.

Tua mente de sabedoria compreende a extensão integral dos
objetos de conhecimento,
Tua eloquente fala é o ornamento-orelha dos afortunados,
Teu lindo corpo brilha com a glória do renome,
Prostro-me a ti, que és tão significativo de ver, ouvir e recordar.

Agradáveis oferendas de água, diversas flores,
Incenso de doce aroma, luzes, água perfumada e assim
por diante,
Uma vasta nuvem de oferendas, tanto as efetivas como
as imaginadas,
Ofereço a ti, Ó Supremo Campo de Mérito.

Sejam quais forem as não-virtudes de corpo, fala e mente
Que tenho acumulado desde tempos sem início,
Especialmente as transgressões dos meus três votos,
Com grande remorso, confesso uma a uma do fundo de meu
coração.

Nesta era degenerada, te empenhaste em muito estudo e realização.
Abandonando os oito interesses mundanos, tornaste
significativos tuas liberdades e dotes.
Ó Protetor, regozijo-me do fundo de meu coração,
Na grande onda de teus feitos.

Das ondulantes nuvens de sabedoria e de compaixão
No espaço do vosso Corpo-Verdade, Ó Veneráveis e Sagrados
Gurus,
Por favor, derramai uma chuva do Dharma vasto e profundo
Apropriado aos discípulos deste mundo.

Pelas virtudes que aqui acumulei,
Que a doutrina e todos os seres vivos recebam todo benefício.
Especialmente, que a essência da doutrina
Do Venerável Losang Dragpa brilhe para sempre.

**Oferecer o mandala**

O chão espargido com perfume e salpicado de flores,
A Grande Montanha, quatro continentes, Sol e Lua,
Percebidos como Terra de Buda e assim oferecidos,
Que todos os seres desfrutem dessas Terras Puras.

IDAM GURU RATNA MANDALAKAM NIRYATAYAMI

## Prece *Migtsema*

Tsongkhapa, ornamento-coroa dos eruditos da Terra das Neves,
Tu és Avalokiteshvara, o tesouro de inobservável compaixão,
Manjushri, a suprema sabedoria imaculada,
E Vajrapani, o destruidor das hostes de maras.
Ó Losang Dragpa, peço a ti, por favor, concede tuas bênçãos.
(7x, 21x, 100x, etc.)

## Pedidos para receber as bênçãos do Guru

Ó Glorioso e precioso Guru-raiz,
Por favor, senta-te no lótus e lua em meu coração.
Por favor, cuida de mim com tua grande bondade
E concede-me as bênçãos de teu corpo, fala e mente.

Ó Glorioso e precioso Guru-raiz,
Por favor, senta-te no lótus e lua em meu coração.
Por favor, cuida de mim com tua grande bondade
E confere-me as aquisições comuns e a suprema.

Ó Glorioso e precioso Guru-raiz,
Por favor, senta-te no lótus e lua em meu coração.
Por favor, cuida de mim com tua grande bondade
E permanece firme até que eu alcance a essência da iluminação.

## Autogeração como Je Tsongkhapa

OM SÖBHAWA SHUDDHA SARWA DHARMA SÖBHAWA SHUDDHO HAM
OM SHUNYATA GYANA VAJRA SÖBHAWA ÄMAKO HAM
Tudo se torna vacuidade.

Do estado de vacuidade, aparece, no lugar onde estou, um trono adornado com joias, sustentado por oito grandes leões. Sobre isso, do PAM vem um lótus, e do AH vem uma lua. Sobre isso, minha mente aparece como uma letra DHI laranja, que se transforma numa espada marcada com uma letra DHI.

*A letra DHI*

Disso, raios de luz irradiam, fazendo oferendas aos seres superiores e satisfazendo o bem-estar dos seres sencientes. Recolhendo-se, os raios de luz transformam-se completamente, e eu surjo como o grande Tsongkhapa, o Rei do Dharma dos três reinos e a essência de todos os Conquistadores. Eu tenho um corpo, fala e mente completamente puros.

Eu tenho um corpo branco, uma face e duas mãos. Meu corpo está vestido com as três vestes de cor açafrão de uma pessoa ordenada, e na minha cabeça uso um chapéu de Pândita dourado de abas longas. Minhas mãos, na altura do meu coração, no gesto de girar a Roda do Dharma, seguram, entre os dedos polegar e indicador, caules de flores upala que desabrocham ao lado das minhas orelhas direita e esquerda. Sobre a flor da direita, está uma espada-sabedoria, e sobre a flor da esquerda, está uma escritura do *Sutra Perfeição de Sabedoria em Oito Mil Versos.*

Meu corpo está adornado com os sinais e as indicações de um Buda, e é claro e translúcido, da natureza de luz. Estou sentado com minhas pernas cruzadas em postura vajra, no meio de uma infinidade de luz brilhante que irradia do meu corpo.

Sobre um lótus e uma almofada de lua, no centro do meu chakra da coroa, está Manjushri, cuja cor é laranja, com uma face e dois braços. Sobre um lótus e uma almofada de lua, no centro do meu chakra da garganta, está Avalokiteshvara, cuja cor é branca, com uma face e quatro braços. Sobre um lótus e uma almofada de sol, no centro do meu chakra do coração, está Vajrapani, cuja cor é azul, com uma face e dois braços. Eles estão completos, com todas as suas características usuais, tais como ornamentos, roupas, gestos e implementos.

No coração de Manjushri, está uma letra OM branca; no coração de Avalokiteshvara, uma letra AH vermelha; e no coração de Vajrapani, uma letra HUM azul.

Do HUM no meu coração, raios de luz irradiam convidando o grande Tsongkhapa, o Rei do Dharma, para vir da Terra Pura de Tushita.

DZA HUM BAM HO
Tornamo-nos não duais.

**Abençoar as oferendas à Deidade autogerada**

OM VAJRA AMRITA KUNDALI HANA HANA HUM PHAT
OM SÖBHAWA SHUDDHA SARWA DHARMA SÖBHAWA SHUDDHO HAM
Tudo se torna vacuidade.

Do estado de vacuidade, de letras DHRUM, vêm vastas e amplas vasilhas adornadas com joias. Dentro de cada vasilha, está uma letra OM que se converte em luz, fazendo surgir substâncias de oferenda celestial.

OM AHRGHAM AH HUM
OM PADÄM AH HUM
OM PUPE AH HUM
OM DHUPE AH HUM
OM ALOKE AH HUM
OM GÄNDHE AH HUM
OM NEWIDE AH HUM
OM SHAPTA AH HUM

**Fazer oferendas à Deidade autogerada**

OM GURU SUMATI KIRTI AHRGHAM PARTITZA HUM SÖHA
OM GURU SUMATI KIRTI PADÄM PARTITZA HUM SÖHA
OM GURU SUMATI KIRTI PUPE PARTITZA HUM SÖHA
OM GURU SUMATI KIRTI DHUPE PARTITZA HUM SÖHA
OM GURU SUMATI KIRTI ALOKE PARTITZA HUM SÖHA
OM GURU SUMATI KIRTI GÄNDHE PARTITZA HUM SÖHA
OM GURU SUMATI KIRTI NEWIDE PARTITZA HUM SÖHA
OM GURU SUMATI KIRTI SHAPTA PARTITZA HUM SÖHA

## Louvor à Deidade autogerada

Eu me prostro a ti, Ó Glorioso e Venerável precioso Guru,
Que és mais bondoso que todos os Budas,
Os únicos olhos dos seres migrantes dos três reinos,
E o Protetor de todos aqueles que buscam libertação.

## Meditar em orgulho divino e clara aparência

*Neste ponto, meditamos em orgulho divino e clara aparência, de acordo com o comentário.*

## Recitar os mantras

Sobre uma almofada de lua no coração de Manjushri, que está no centro do meu chakra da coroa, está uma letra DHI rodeada em sentido horário pelas letras cor de laranja OM AH RA PA TSA NA. Sobre uma almofada de lua no coração de Avalokiteshvara, que está no centro do meu chakra da garganta, está uma letra HRIH rodeada em sentido horário pelas letras brancas OM MANI PEME HUM. Sobre uma almofada de sol no coração de Vajrapani, que está no centro do meu chakra do coração, está uma letra HUM rodeada em sentido horário pelas letras azuis OM AH VAJRAPANI HUM HUM PHAT.

Da letra DHI e do mantra no coração de Manjushri, infinitos raios de luz irradiam e tocam o corpo e a mente de todos os seres sencientes. A luz purifica a escuridão interior da ignorância deles, e eles obtêm olhos de sabedoria divina.

OM AH RA PA TSA NA DHI (100x)

Da letra HRIH e do mantra no coração de Avalokiteshvara, infinitos raios de luz irradiam e tocam o corpo e a mente de todos os seres sencientes dos seis reinos. A luz purifica todo o carma negativo deles, e eles experienciam felicidade incontaminada.

OM MANI PEME HUM (100x)

Da letra HUM e do mantra no coração de Vajrapani, infinitos raios de luz irradiam e tocam o corpo e a mente de todos os seres sencientes. A luz pacifica todos os seus obstáculos que os impedem de obter a libertação e a plena iluminação, e todos eles vencem os quatro maras e alcançam a Budeidade.

OM AH VAJRAPANI HUM HUM PHAT (100x)

Manjushri dissolve-se em meu corpo, e, devido a isso, meu corpo se torna da natureza de Manjushri; Avalokiteshvara dissolve-se em minha fala, e, devido a isso, minha fala se torna da natureza de Avalokiteshvara; e Vajrapani dissolve-se em minha mente, e, devido a isso, minha mente se torna da natureza de Vajrapani.

### A recitação propriamente dita do mantra *Migtsema*

Sobre uma almofada de lua no meu coração, minha mente aparece no aspecto de uma letra DHI laranja, rodeada em sentido horário pelo mantra *Migtsema*. Do mantra e da letra DHI, infinitos raios de luz irradiam para as dez direções, atraindo as bênçãos do corpo, fala e mente de todos os Budas no aspecto de raios de luz branca, vermelha e azul. Todas essas luzes se dissolvem em minha mente (a letra DHI no meu coração) e recebo as bênçãos do corpo, fala e mente de todos os Budas.

Tsongkhapa, ornamento-coroa dos eruditos da Terra das Neves,
Tu és Avalokiteshvara, o tesouro de inobservável compaixão,
Manjushri, a suprema sabedoria imaculada,
E Vajrapani, o destruidor das hostes de maras.
Ó Losang Dragpa, peço a ti, por favor, concede tuas bênçãos.

*Recite quantas vezes você desejar.*

## Abençoar as oferendas à geração-em-frente

OM VAJRA AMRITA KUNDALI HANA HANA HUM PHAT
OM SÖBHAWA SHUDDHA SARWA DHARMA SÖBHAWA
SHUDDHO HAM
Tudo se torna vacuidade.

Do estado de vacuidade, de letras DHRUM, vêm vastas e amplas vasilhas adornadas com joias. Dentro de cada vasilha, está uma letra OM que se converte em luz, fazendo surgir substâncias de oferenda celestial.

OM AHRGHAM AH HUM
OM PADÄM AH HUM
OM PUPE AH HUM
OM DHUPE AH HUM
OM ALOKE AH HUM
OM GÄNDHE AH HUM
OM NEWIDE AH HUM
OM SHAPTA AH HUM

## Abençoar a torma

OM VAJRA AMRITA KUNDALI HANA HANA HUM PHAT
OM SÖBHAWA SHUDDHA SARWA DHARMA SÖBHAWA
SHUDDHO HAM
Tudo se torna vacuidade.

Do estado de vacuidade, de um DHRUM à minha frente surge uma vasta e ampla vasilha adornada com joias. No seu interior, de uma letra OM surge uma torma, um vasto oceano de incontaminado néctar de excelsa sabedoria, que é brilhante e permeante.
OM AH HUM (3x)

## Fazer o convite aos convidados da oferenda da torma

Raios de luz irradiam da letra DHI no meu coração, e convidam o Rei do Dharma, o Grande Tsongkhapa, rodeado pela assembleia de Budas e Bodhisattvas, para virem ao espaço a minha frente.

Eles compartilham da essência da torma, sorvendo-a através de suas línguas, que são canudos de luz-vajra.

## A oferenda efetiva da torma

OM GURU SUMATI KIRTI SAPARIWARA IDAM BALINGTA KHA KHA KHAHI KHAHI (3x)

## Fazer oferendas

OM GURU SUMATI KIRTI AHRGHAM PARTITZA HUM SÖHA
OM GURU SUMATI KIRTI PADÄM PARTITZA HUM SÖHA
OM GURU SUMATI KIRTI PUPE PARTITZA HUM SÖHA
OM GURU SUMATI KIRTI DHUPE PARTITZA HUM SÖHA
OM GURU SUMATI KIRTI ALOKE PARTITZA HUM SÖHA
OM GURU SUMATI KIRTI GÄNDHE PARTITZA HUM SÖHA
OM GURU SUMATI KIRTI NEWIDE PARTITZA HUM SÖHA
OM GURU SUMATI KIRTI SHAPTA PARTITZA HUM SÖHA

## Louvor

Eu me prostro a ti, Ó Glorioso e Venerável precioso Guru,
Que és mais bondoso que todos os Budas,
Os únicos olhos dos seres migrantes dos três reinos,
E o Protetor de todos aqueles que buscam libertação.

## Pedir indulgência

OM VAJRA SATTÖ AH (3x)

Quaisquer erros que eu tenha cometido
Por não encontrar, não entender
Ou não ter a habilidade,
Por favor, ó Protetor, sê paciente com tudo isso.

## Dissolver Guru Tsongkhapa em nosso coração

Os seres sagrados, os convidados da oferenda da torma, dissolvem-se em Guru Tsongkhapa, e ele se dissolve na minha mente, que está no aspecto de Je Tsongkhapa, no meu coração.

## Dedicatória

Assim, por minhas virtudes de fazer oferendas e pedidos
Ao Venerável Guru, a fonte de todas as aquisições,
Que eu esteja sempre sob o cuidado especial
De Guru Manjushri por todas as minhas vidas.

Por meditar em Buda Maitreya
E na preciosa Terra Pura de Tushita,
Que eu realize essa Terra Pura e nela renasça
Imediatamente após esta vida.

Por convidar o Venerável Guru e seus dois Filhos,
Do coração de Maitreya ao topo de uma nuvem,
E por acumular mérito pela prática dos sete membros,
Que eu amadureça facilmente todas as minhas sementes
virtuosas.

Por minha prática da prece *Migtsema*,
Com o forte reconhecimento de Guru Tsongkhapa
Como a corporificação dos três seres sagrados,
Que todos os seres vivos alcancem o estado sagrado de um Buda.

## Prece auspiciosa

Quando eu encontrar o Dharma sagrado de Je Tsongkhapa
E praticar sinceramente por meio das dez ações de Dharma,
Que todos os poderosos Protetores do Dharma me auxiliem,
E que um grande oceano de auspiciosidade permeie todas as
direções.

## Preces pela Tradição Virtuosa

Para que a tradição de Je Tsongkhapa,
O Rei do Dharma, floresça,
Que todos os obstáculos sejam pacificados
E todas as condições favoráveis sejam abundantes.

Pelas duas coleções, minhas e dos outros,
Reunidas ao longo dos três tempos,
Que a doutrina do Conquistador Losang Dragpa
Floresça para sempre.

**Prece *Migtsema* de nove versos**

Tsongkhapa, ornamento-coroa dos eruditos da Terra das Neves,
Tu és Buda Shakyamuni e Vajradhara, a fonte de todas as conquistas,
Avalokiteshvara, o tesouro de inobservável compaixão,
Manjushri, a suprema sabedoria imaculada,
E Vajrapani, o destruidor das hostes de maras.
Ó Venerável Guru Buda, síntese das Três Joias,
Com meu corpo, fala e mente, respeitosamente faço pedidos:
Peço, concede tuas bênçãos para amadurecer e libertar a mim e
aos outros,
E confere-nos as aquisições comuns e a suprema. (3x)

**Cólofon:** Esta sadhana, ou prece ritual para obter aquisições espirituais, foi escrita pelo Venerável Geshe Kelsang Gyatso Rinpoche.

# *Joia-Que-Satisfaz-Os-Desejos*

O GURU-IOGA DE JE TSONGKHAPA,
ASSOCIADO À SADHANA DO SEU PROTETOR
DO DHARMA

# *Joia-Que-Satisfaz-Os-Desejos*

**Buscar refúgio**

Eu e todos os seres sencientes, até alcançarmos a iluminação,
Nos refugiamos em Buda, Dharma e Sangha. (3x)

**Gerar bodhichitta**

Pelas virtudes que coleto, praticando o dar e as outras perfeições,
Que eu me torne um Buda para o benefício de todos. (3x)

**Convidar Je Tsongkhapa**

Do coração do Protetor das centenas de Deidades da Terra Alegre,
Ao topo de uma nuvem como coalhada branca e fresca,
Ó Todo-Conhecedor Losang Dragpa, Rei do Dharma,
Por favor, vem a este lugar juntamente com teus Filhos.

**Prece dos sete membros**

No espaço a minha frente, sobre um trono de leões, lótus e lua,
Os veneráveis Gurus sorriem com deleite.
Ó Supremo Campo de Mérito para a minha mente de fé,
Por favor, permanece por cem éons para difundir a doutrina.

Tua mente de sabedoria compreende a extensão integral dos
objetos de conhecimento,
Tua eloquente fala é o ornamento-orelha dos afortunados,
Teu lindo corpo brilha com a glória do renome,
Prostro-me a ti, que és tão significativo de ver, ouvir e recordar.

Agradáveis oferendas de água, diversas flores,
Incenso de doce aroma, luzes, água perfumada e assim
por diante,
Uma vasta nuvem de oferendas, tanto as efetivas como
as imaginadas,
Ofereço a ti, Ó Supremo Campo de Mérito.

Sejam quais forem as não-virtudes de corpo, fala e mente
Que tenho acumulado desde tempos sem início,
Especialmente as transgressões dos meus três votos,
Com grande remorso, confesso uma a uma do fundo de meu
coração.

Nesta era degenerada, te empenhaste em muito estudo e realização.
Abandonando os oito interesses mundanos, tornaste
significativos tuas liberdades e dotes.
Ó Protetor, regozijo-me do fundo de meu coração,
Na grande onda de teus feitos.

Das ondulantes nuvens de sabedoria e de compaixão
No espaço do vosso Corpo-Verdade, Ó Veneráveis e Sagrados
Gurus,
Por favor, derramai uma chuva do Dharma vasto e profundo
Apropriado aos discípulos deste mundo.

Pelas virtudes que aqui acumulei,
Que a doutrina e todos os seres vivos recebam todo benefício.
Especialmente, que a essência da doutrina
Do Venerável Losang Dragpa brilhe para sempre.

**Oferecer o mandala**

O chão espargido com perfume e salpicado de flores,
A Grande Montanha, quatro continentes, Sol e Lua,
Percebidos como Terra de Buda e assim oferecidos,
Que todos os seres desfrutem dessas Terras Puras.

IDAM GURU RATNA MANDALAKAM NIRYATAYAMI

## Prece *Migtsema*

Tsongkhapa, ornamento-coroa dos eruditos da Terra das Neves,
Tu és Avalokiteshvara, o tesouro de inobservável compaixão,
Manjushri, a suprema sabedoria imaculada,
E Vajrapani, o destruidor das hostes de maras.
Ó Losang Dragpa, peço a ti, por favor, concede tuas bênçãos.
(7x, 21x, 100x, etc.)

## Prece das Etapas do Caminho

O caminho começa com firme confiança
No meu bondoso mestre, fonte de todo bem;
Ó, abençoa-me com essa compreensão
Para segui-lo com grande devoção.

Esta vida humana, com todas as suas liberdades,
Extremamente rara, com tanta significação;
Ó, abençoa-me com essa compreensão,
Dia e noite, para captar a sua essência.

Meu corpo, qual bolha-d'água,
Decai e morre tão rapidamente;
Após a morte, vêm os resultados do carma,
Qual sombra de um corpo.

Com esse firme conhecimento e lembrança,
Abençoa-me, para ser extremamente cauteloso,
Evitando sempre ações nocivas
E reunindo abundante virtude.

Os prazeres do samsara são enganosos,
Não trazem contentamento, apenas tormentos;
Abençoa-me, para ter o esforço sincero
Para obter o êxtase da liberdade perfeita.

Ó, abençoa-me, para que desse pensamento puro
Resulte contínua-lembrança e imensa cautela,

A fim de manter como minha prática essencial
A raiz da doutrina, o Pratimoksha.

Assim como eu, todas as minhas bondosas mães
Estão se afogando no oceano do samsara;
Para que logo eu possa libertá-las,
Abençoa-me, para treinar a bodhichitta.

Mas não posso tornar-me um Buda
Apenas com isso, sem as três éticas;
Assim, abençoa-me com a força de praticar
Os votos do Bodhisattva.

Por pacificar minhas distrações
E analisar perfeitos sentidos,
Abençoa-me, para logo alcançar a união
Da visão superior com o tranquilo-permanecer.

Quando me tornar um puro recipiente
Pelos caminhos comuns, abençoa-me, para ingressar
Na essência da prática da boa fortuna,
O supremo veículo, Vajrayana.

As duas conquistas dependem, ambas,
De meus sagrados votos e compromissos;
Abençoa-me, para entender isso claramente
E conservá-los à custa da minha vida.

Por sempre praticar em quatro sessões
A via explicada pelos santos mestres,
Ó, abençoa-me, para obter ambos os estágios
Que são a essência dos Tantras.

Que os que me guiam no bom caminho
E meus companheiros tenham longas vidas;
Abençoa-me, para pacificar inteiramente
Todos os obstáculos internos e externos.

Que eu sempre encontre perfeitos mestres
E deleite-me no sagrado Dharma,
Conquiste todos os solos e caminhos velozmente
E obtenha o estado de Vajradhara.

**Receber bênçãos e purificar**

Do coração de todos os seres sagrados, fluem correntes de luz e néctar, concedendo bênçãos e purificando.

**Pedidos para receber as bênçãos do Guru**

Ó Glorioso e precioso Guru-raiz,
Por favor, senta-te no lótus e lua em meu coração.
Por favor, cuida de mim com tua grande bondade
E concede-me as bênçãos de teu corpo, fala e mente.

Ó Glorioso e precioso Guru-raiz,
Por favor, senta-te no lótus e lua em meu coração.
Por favor, cuida de mim com tua grande bondade
E confere-me as aquisições comuns e a suprema.

Ó Glorioso e precioso Guru-raiz,
Por favor, senta-te no lótus e lua em meu coração.
Por favor, cuida de mim com tua grande bondade
E permanece firme até que eu alcance a essência da iluminação.

**Dedicatória**

Por vir sendo cuidado, durante todas as minhas vidas,
Pelo Conquistador Tsongkhapa como meu Guru Mahayana,
Que eu nunca me afaste, sequer por um instante,
Desse excelente caminho louvado pelos Conquistadores.

## Convidar Dorje Shugden e seu séquito

HUM
Eu tenho a clareza do Yidam.
Diante de mim, no centro de um fogo e vento rubro e negro,
Sobre um lótus e sol, pisoteando demônios e obstrutores,
Está um aterrorizante leão, que é poderoso e alerta.
Sobre ele senta-se o grande rei Dorje Shugden,
A suprema Joia-Coração dos Protetores do Dharma.
Seu corpo está vestido com as vestes de um monge
E usa na cabeça um chapéu redondo, amarelo.
Suas mãos seguram uma espada e um coração de compaixão.
Para seus seguidores, mostra uma expressão de deleite,
Mas, para subjugar demônios e obstrutores, exibe um modo irado.
Está rodeado por um vasto séquito congregado,
Tal como seu atendente Khache Marpo e assim por diante.

Raios de luz saem de meu coração e instantaneamente convidam os seres-de-sabedoria, da esfera da natureza e de todos os diferentes palácios onde residem. Eles se tornam inseparáveis dos seres-de-compromisso.

## Fazer oferendas e pedidos

HUM
Respeitosamente, me prostro com meu corpo, fala e mente.
Ofereço uma infinidade de oferendas interiores e exteriores, tormas de êxtase,
Álcool, chá, bolos, leite e coalhada,
Tanto as efetivamente dispostas quanto as mentalmente imaginadas, preenchendo todo o espaço.

Compromisso, satisfação, confiança e substâncias apropriadas,
Oferendas exteriores, interiores, secretas, atrativas e de limpeza, preenchendo todo o espaço,
Faço essas oferendas a toda a assembleia;
Que eu satisfaça o compromisso-coração e restaure meus compromissos quebrados.

Todos os meus pensamentos e ações prejudiciais,
Que tenham ofendido tua mente, Ó Grande Protetor,
Confesso do fundo de meu coração.
Por favor, purifica-os rapidamente e cuida de mim com amor, como uma mãe por seu filho.

Rogo a ti, do fundo de meu coração, Ó Suprema Deidade,
Por favor, faz com que a tradição de Je Tsongkhapa floresça,
Estende a vida e as atividades dos gloriosos Gurus,
E aumenta o estudo e a prática do Dharma nas comunidades de Dharma.

Por favor, esteja sempre comigo como a sombra de meu corpo
E concede-me teu inabalável cuidado e proteção.
Destrói todos os obstáculos e condições adversas,
Confere condições favoráveis e satisfaz todos os meus desejos.

Agora é a hora de mostrar claramente tua versátil força,
Pelas tuas quatro ações, que são rápidas, incisivas e desimpedidas,
Para satisfazer rapidamente meus pedidos sinceros e especiais,
De acordo com os meus desejos;

Agora é a hora de distinguir a verdade e a falsidade de ações e efeitos;
Agora é a hora de eliminar as falsas acusações contra o inocente;
Agora é a hora de proteger os miseráveis e desprotegidos;
Agora é a hora de proteger os praticantes de Dharma como teus filhos.

Em resumo, doravante até que eu alcance a essência da iluminação,
Vou honrar-te como a corporificação de meu Guru, Deidade e Protetor.
Assim, por favor, zela por mim durante os três períodos do dia e da noite
E nunca osciles em tuas ações como meu Protetor.

## Recitação do mantra

Eu tenho a clareza do Yidam. Diante de mim, estão as Cinco Linhagens de Dorje Shugden, o grande rei dos Protetores do Dharma. Em seus corações, estão almofadas de sol; sobre cada uma há um HUM rodeado pelo rosário de mantra com sua cor específica. Raios de luz irradiam-se da letra-semente em meu coração e os tocam. Como resultado, suas mentes automaticamente se envolvem em ações pacificadoras, crescentes, controladoras e iradas que eu desejo, realizando-as sem obstrução.

OM VAJRA WIKI WITRANA SÖHA (21x, 100x, etc.)

OM DHARMAPALA MAHA RADZA VAJRA BEGAWÄN RUDRA: PÄNTSA KULA SARWA SHA TRUM MARAYA HUM PHAT
(7x, 21x, etc.)

## Abençoar as tormas

OM KHANDAROHI HUM HUM PHAT
OM SÖBHAWA SHUDDHA SARWA DHARMA SÖBHAWA SHUDDHO HAM
Tudo se torna vacuidade.

Do estado de vacuidade, do YAM vem vento, do RAM vem fogo, do AH, um tripé de três cabeças humanas. Sobre ele, do AH aparece uma ampla e vasta cuia de crânio, dentro da qual estão as cinco carnes e os cinco néctares. Estes são purificados, transformados e aumentados pelas três letras e tornam-se um vasto oceano de incontaminado néctar de excelsa sabedoria.
OM AH HUM (3x)

## Visualizar os convidados das tormas

Diante de mim, estão as Cinco Linhagens de Dorje Shugden, o grande rei dos Protetores do Dharma, juntamente com seus séquitos. De HUMs em suas línguas vêm vajras vermelhos unidentados. Estes possuem canudos de luz, pelos quais eles compartilham de toda a essência das tormas.

## Oferecer as tormas às Cinco Linhagens

OM DHARMAPALA MAHA RADZA VAJRA BEGAWÄN RUDRA: PÄNTSA KULA SAPARIWARA SARWA BIGNÄN SHA TRUM IDAM BALINGTA KHA KHA KHAHI KHAHI (3x)

## Oferecer as tormas aos séquitos

OM AHKAROMUKHAM SARWA DHARMANÄN ADENUWATEN NADÖ DA, NAMA SARWA TATHAGATA AWALOKITE OM SAMBHARA SAMBHARA HUM (3x)

## Oferendas exteriores

OM DHARMAPALA MAHA RADZA VAJRA BEGAWÄN RUDRA: PÄNTSA KULA SAPARIWARA AHRGHAM, PADÄM, PUPE, DHUPE, ALOKE, GÄNDHE, NEWIDE, SHAPTA PARTITZA HUM SÖHA

## Oferenda interior

OM DHARMAPALA MAHA RADZA VAJRA BEGAWÄN RUDRA: PÄNTSA KULA SAPARIWARA OM AH HUM

## Pedido especial a Dorje Shugden

HUM
Ó Cinco Linhagens de Dorje Shugden juntamente com vossos séquitos, Protetores da doutrina de Je Tsongkhapa, por favor, aceitai essas tormas de êxtase. Por favor, protegei a doutrina de Buda e, especialmente, os ensinamentos de Sutra e de Tantra do Protetor Manjushri, Rei do Dharma, o grande Tsongkhapa. Por favor, aumentai o renome das Três Joias, protegei a comunidade da Sangha e aumentai a vida dos Gurus. Para mim, o praticante, e para todos nós discípulos, nossos benfeitores e outros, por favor, eliminai todas as condições adversas que obstruem a prática do Dharma. Por favor, propiciai condições favoráveis e subjugai imediatamente todos os traidores, inimigos e

obstrutores que causam dano e prejuízo, executando as ações adequadas velozmente e sem demora!

OM DHARMAPALA MAHA RADZA VAJRA BEGAWÄN RUDRA: PÄNTSA KULA SAPARIWARA DRA GEG AH MU KA MARAYA PHAT!

## Abençoar a oferenda tsog

OM KHANDAROHI HUM HUM PHAT
OM SÖBHAWA SHUDDHA SARWA DHARMA SÖBHAWA
SHUDDHO HAM
Tudo se torna vacuidade.

Do estado de vacuidade, do YAM vem vento, do RAM vem fogo, do AH, um tripé de três cabeças humanas. Sobre ele, do AH aparece uma ampla e vasta cuia de crânio, dentro da qual estão as cinco carnes e os cinco néctares. Estes são purificados, transformados e aumentados pelas três letras e tornam-se um vasto oceano de incontaminado néctar de excelsa sabedoria.
OM AH HUM (3x)

## Oferenda tsog breve

HUM
Faço essa oferenda tsog de incontaminados prazeres
À assembleia de Gurus, Yidams, Três Joias, Dakinis e Protetores sob jura;
E especialmente a ti, grande rei Dorje Shugden,
Supremo Protetor da doutrina da tradição Geden,
E à completa assembleia que segue o teu comando.
Por aceitar essa oferenda, que a tradição do Conquistador Losang
Propague-se por todas as dez direções.
Para todos nós, discípulos, nossos benfeitores e outros,
Por favor, destrói todos os obstáculos exteriores, interiores e secretos.
Por favor, subjuga os inimigos cheios de ódio e os nocivos obstrutores,
E satisfaz rapidamente todos os nossos desejos. (3x)

## Oferenda tsog para o Guru

HO
Ó Grande Herói, por favor, ouve-me.
Sobre isso não devemos ter dúvidas,
Brâmanes, cães e párias são, inseparavelmente, um único todo.
Considerando isso, por favor, desfruta essa oferenda.

HO
Eu sou o principal de todos os Conquistadores,
Na realidade, O Abençoado Guru Heruka.
Provo esse vasto oceano de néctar-sabedoria
Para satisfazer todas as Deidades.

AH HO MAHA SUKHA

## Abençoar a bebida dourada (serkyem)

OM KHANDAROHI HUM HUM PHAT
OM SÖBHAWA SHUDDHA SARWA DHARMA SÖBHAWA SHUDDHO HAM
Tudo se torna vacuidade.

Do estado de vacuidade, do AH aparece uma ampla e vasta cuia de crânio. Dentro dela, está a bebida dourada, que é da natureza das cinco carnes e dos cinco néctares. Isso é purificado, transformado e aumentado pelas três letras e torna-se um vasto oceano de incontaminado néctar de excelsa sabedoria.
OM AH HUM (3x)

## Oferecer a bebida dourada (serkyem)

HUM
Aos Gurus, que executam os dois propósitos e enviam uma chuva de excelentes bênçãos,
E aos Yidams, que concedem todas as aquisições comuns e incomuns,
Ofereço essa bebida de néctar que concede êxtase;
Por favor, compartilhai e satisfazei todos os meus desejos veloz e espontaneamente.

À completa assembleia de Heróis e Dakinis dos três lugares
E à assembleia dos poderosos Protetores do Dharma sob jura,
Ofereço essa bebida de néctar que concede êxtase;
Por favor, compartilhai e satisfazei todos os meus desejos veloz
e espontaneamente.

Especialmente a ti, supremo Protetor supramundano da doutrina,
Muito poderoso, veloz e irado Dorje Shugden,
Ofereço essa bebida de néctar que concede êxtase;
Por favor, compartilha e satisfaz todos os meus desejos veloz
e espontaneamente.

A vós, manifestações das Cinco Linhagens, que sem obstruções
concedem
Incontáveis ações pacificadoras, crescentes, controladoras e iradas,
Ofereço essa bebida de néctar que concede êxtase;
Por favor, compartilhai e satisfazei todos os meus desejos veloz
e espontaneamente.

Às nove atraentes Mães, aos oito Monges guias,
Aos dez jovens e irados Assistentes e assim por diante,
Ofereço essa bebida de néctar que concede êxtase;
Por favor, compartilhai e satisfazei todos os meus desejos veloz
e espontaneamente.

Ao extremamente irado Khache Marpo,
O feroz Atendente que se opõe aos traidores do Dharma,
Ofereço essa bebida de néctar que concede êxtase;
Por favor, compartilha e satisfaz todos os meus desejos veloz
e espontaneamente.

E a todas as vossas emanações, bem como às emanações delas,
que são inimagináveis,
Aos Atendentes, deuses e outros, que ocupam os três mil mundos,
Ofereço essa bebida de néctar que concede êxtase;
Por favor, compartilhai e satisfazei todos os meus desejos veloz
e espontaneamente.

Assim, pelo poder de minhas oferendas e pedidos por vossa ajuda,
Por favor, executai os quatro tipos de ação durante os seis períodos;
E sempre cuidai de mim e protegei-me como um pai faz com seu filho,
Sem oscilar sequer por um momento.

E que vós, a completa assembleia de dignos Atendentes,
Sempre cientes de vossas solenes juras ao Venerável Duldzin,
Cumpri velozmente e sem oscilar
Quaisquer ações que eu vos peça.

**Pedir a satisfação dos desejos**

HUM
Sempre que teus seguidores com compromissos
Pedem qualquer uma das quatro ações,
Veloz, incisivamente e sem demora, mostras sinais para que todos vejam;
Assim, por favor, executa as ações que agora te peço.

O imaculado sol da tradição de Je Tsongkhapa
Brilha por todo o céu do samsara e do nirvana,
Eliminando a escuridão dos caminhos inferiores e incorretos;
Por favor, faz com que sua luz se espalhe e traga boa fortuna a todos os seres vivos.

Que os gloriosos Gurus que sustentam essa tradição
Tenham vidas indestrutíveis e tão estáveis quanto o supremo estandarte da vitória;
Que nos enviem uma chuva de feitos que satisfazem os desejos dos discípulos,
Para que a doutrina de Je Tsongkhapa venha a florescer.

Aumentando o estudo, a prática, a pura disciplina e a harmonia
Das comunidades que sustentam a imaculada doutrina de Buda

E que mantêm disciplina moral com mentes puras,
Por favor, faz com que a tradição Geden aumente como a Lua
crescente.

Por tuas ações, por favor, satisfaz os desejos essenciais
De todos os praticantes que sustentam o estandarte da vitória
De praticar, estritamente focados, as etapas dos caminhos
do Sutra e do Tantra,
A essência de todos os ensinamentos que eles ouviram.

Os seres por todo este grande mundo estão envolvidos em
diferentes ações
De Dharma, não-Dharma, felicidade, sofrimento, causa
e efeito;
Pelos teus habilidosos feitos de proteger e nutrir,
Por favor, conduz todos os seres ao bom caminho da felicidade
última.

Em particular, por favor, destrói os obstáculos e as condições
desfavoráveis,
Meus e dos demais praticantes.
Aumenta nossas vidas, nossos méritos e nossos recursos,
E reúne todas as coisas animadas e inanimadas para serem
desfrutadas livremente.

Por favor, fica sempre comigo como a sombra de meu corpo
E cuida sempre de mim como um amigo,
Realizando rapidamente tudo o que eu desejar
E tudo o que eu te pedir.

Por favor, executa imediatamente, sem adiar por um ano ou
sequer por um mês,
Ações adequadas para eliminar todos os obstáculos
Causados por seres desencaminhados, com mentes nocivas,
que tentam destruir a doutrina de Je Tsongkhapa
E, especialmente, pelos que tentam prejudicar os praticantes.

Por favor, permanece sempre neste local, rodeado pelos mais excelentes prazeres.
Como meu convidado, compartilha continuamente de tormas e oferendas;
E já que és incumbido de proteger as riquezas e alegrias humanas,
Nunca osciles como meu guardião ao longo do dia e da noite.

Todas as conquistas que eu desejo
Surgem meramente por me lembrar de ti.
Ó Joia-que-Satisfaz-os-Desejos, Protetor do Dharma,
Por favor, realiza todos os meus desejos. (3x)

### Dar a oferenda tsog remanescente para os espíritos

OM AH HUM (3x)

HUM
Faço essa oferenda tsog de incontaminado néctar
Para a assembleia de convidados, os guardiões regionais.
Que vocês desfrutem-na com deleite
E auxiliem os praticantes com suas ações.

### Dedicatória

Por esta virtude que eu rapidamente
Alcance o estado iluminado do Guru
E, então, conduza cada ser vivo
Sem exceção a esse solo.

Por minhas virtudes de praticar com pura motivação,
Que todos os seres vivos, durante todas as suas vidas,
Nunca sejam separados do pacífico e irado Manjushri,
Mas estejam sempre sob seus cuidados.

### Prece auspiciosa

Que haja a auspiciosidade dos Gurus raiz e linhagem,
Que haja a auspiciosidade da assembleia de Deidades e Yidams,

Que haja a auspiciosidade dos Dakas e Dakinis
E que haja a auspiciosidade dos Protetores do Dharma.

**Preces pela Tradição Virtuosa**

Para que a tradição de Je Tsongkhapa,
O Rei do Dharma, floresça,
Que todos os obstáculos sejam pacificados
E todas as condições favoráveis sejam abundantes.

Pelas duas coleções, minhas e dos outros,
Reunidas ao longo dos três tempos,
Que a doutrina do Conquistador Losang Dragpa
Floresça para sempre.

**Prece *Migtsema* de nove versos**

Tsongkhapa, ornamento-coroa dos eruditos da Terra das Neves,
Tu és Buda Shakyamuni e Vajradhara, a fonte de todas as conquistas,
Avalokiteshvara, o tesouro de inobservável compaixão,
Manjushri, a suprema sabedoria imaculada,
E Vajrapani, o destruidor das hostes de maras.
Ó Venerável Guru Buda, síntese das Três Joias,
Com meu corpo, fala e mente, respeitosamente faço pedidos:
Peço, concede tuas bênçãos para amadurecer e libertar a mim e
aos outros,
E confere-nos as aquisições comuns e a suprema. (3x)

**Cólofon:** Esta sadhana, ou prece ritual para obter aquisições espirituais, foi compilada de fontes tradicionais por Venerável Geshe Kelsang Gyatso e traduzida sob sua compassiva orientação.

# *Oferenda Ardente de Vajradaka*

UMA PRÁTICA PARA PURIFICAR ERROS
E NEGATIVIDADES

**por**
**Ngulchu Dharmabhadra**

# *Oferenda Ardente de Vajradaka*

**Buscar refúgio**

Eu e todos os seres sencientes, até alcançarmos a iluminação,
Nos refugiamos em Buda, Dharma e Sangha. (3x)

**Gerar bodhichitta**

Pelas virtudes que coleto, praticando o dar e as outras perfeições,
Que eu me torne um Buda para o benefício de todos. (3x)

**Gerar a bodhichitta especial**

E, especialmente, para o benefício de todos os seres sencientes-mães, preciso alcançar o estado da completa Budeidade tão rapidamente quanto possível. Portanto, vou me empenhar na prática da oferenda ardente de Vajradaka.

**Visualizar o ser-de-compromisso**

OM VAJRA AMRITA KUNDALI HANA HANA HUM PHAT
OM SÖBHAWA SHUDDHA SARWA DHARMA SÖBHAWA
SHUDDHO HAM
O fogo se torna vacuidade.

Do estado de vacuidade, surge um fogo de excelsa sabedoria, ardente e impetuoso. No centro dele, a partir de um HUM e de um vajra, surge Vajradaka irado, de cor azul-escuro. Ele tem uma face e duas mãos; as mãos estão unidas, formando o mudra de um Hungdze, e seguram um vajra e um sino. Com sua boca inteiramente aberta, ele rosna em direção ao espaço, mostrando seus quatro caninos pontiagudos. Sua cabeça está adornada com cinco crânios secos, e usa um longo colar de cinquenta crânios úmidos. Ele veste uma pele de tigre na parte inferior de seu corpo, e está completo com todas as características de uma manifestação irada. Vajradaka senta-se com suas pernas formando um círculo, à maneira de um Herói destruindo negatividades e obstruções. Em sua coroa, está um OM branco; em sua garganta, um AH vermelho; e em seu coração, um HUM azul.

## Convidar e absorver os seres-de-sabedoria

Do HUM no coração de Vajradaka, raios de luz se irradiam e convidam, para que venham de suas moradas naturais, os seres-de-sabedoria – todos sob o mesmo aspecto dele – juntamente com as Deidades Que-Concedem-Iniciação.

DZA HUM BAM HO
Eles se tornam não-duais.

## Conceder a iniciação

As Deidades Que-Concedem-Iniciação conferem a iniciação, e a coroa dele está adornada com Akshobya.

## Oferenda

OM VAJRADAKA SAPARIWARA AHRGHAM PARTITZA HUM SÖHA
OM VAJRADAKA SAPARIWARA PADÄM PARTITZA HUM SÖHA
OM VAJRADAKA SAPARIWARA PUPE PARTITZA HUM SÖHA
OM VAJRADAKA SAPARIWARA DHUPE PARTITZA HUM SÖHA
OM VAJRADAKA SAPARIWARA ALOKE PARTITZA HUM SÖHA
OM VAJRADAKA SAPARIWARA GÄNDHE PARTITZA HUM SÖHA
OM VAJRADAKA SAPARIWARA NEWIDE PARTITZA HUM SÖHA
OM VAJRADAKA SAPARIWARA SHAPTA PARTITZA HUM SÖHA

## Prostração

Ó Vajra Akshobya, magnífica excelsa sabedoria,
Grande Habilidoso da esfera-vajra,
Supremo entre os três vajras e os três mandalas,
A ti, Vajradaka, eu me prostro.

## Visualização para fazer a oferenda ardente

Eu permaneço em minha forma comum. Em meu coração, está uma letra PAM preta, a semente da negatividade. Em meu umbigo surge, de um RAM, um mandala vermelho de fogo. Na sola de meus pés surge, de um YAM, um mandala azul de vento.

Raios de luz se irradiam da letra PAM e absorvem, sob o aspecto de raios de luz preta, todas as negatividades e obstruções de minhas três portas. Todas as minhas negatividades e obstruções se dissolvem na letra PAM.

Abaixo, o vento sopra e entra pela sola de meus pés. O fogo, em meu umbigo, arde e raios de luz do fogo expulsam o PAM pelas minhas narinas. Minhas negatividades assumem o aspecto de um escorpião, que se dissolve nas sementes de gergelim. Eu ofereço estas sementes à boca de Vajradaka.

OM VAJRA DAKA KHA KHA KHAHI KHAHI SARWA PAPAM DAHANA BHAKMI KURU SÖHA

Que todas as negatividades, obstruções e compromissos degenerados que tenho acumulado durante todas as minhas vidas no samsara, desde tempos sem início, [sejam purificados] SHÄNTING KURUYE SÖHA

*Ofereça as sementes de gergelim a Vajradaka enquanto você recita o mantra e a breve prece de pedido. Continue desse modo até que todas as sementes de gergelim tenham sido oferecidas.*

## Oferenda de agradecimento

OM VAJRADAKA SAPARIWARA AHRGHAM, PADÄM, PUPE, DHUPE, ALOKE, GÄNDHE, NEWIDE, SHAPTA PARTITZA HUM SÖHA

## Prostração

Por meramente nos recordarmos de tua forma azul-escura de um canibal irado,
Em meio a uma massa ardente de fogo de excelsa sabedoria,
Tu destróis todos os maras, negatividades e obstruções;
A ti, Vajradaka, eu me prostro.

## Pedir indulgência

Quaisquer erros que eu tenha cometido
Por não encontrar, não entender
Ou não ter a habilidade,
Por favor, ó Protetor, sê paciente com tudo isso.

## Dissolução

Os seres-de-sabedoria retornam as suas moradas naturais, e o ser-de-compromisso transforma-se no aspecto de um fogo flamejante.

## Dedicatória

Por essa virtude, que eu nunca esteja separado, durante todas as minhas vidas,
Do Guru Mahayana, que revela o caminho inequívoco,
E, por sempre permanecer sob seu cuidado,
Que eu beba continuamente do néctar de sua fala.

Devido a isso, que eu e os outros realizemos as práticas
De renúncia, bodhichitta e visão correta,
As seis perfeições e os dois estágios,
E que, rapidamente, alcancemos o estado dotado com os dez poderes.

Pelas bênçãos do Guru e das Três Joias, que são não enganosos,
E pelo poder da natureza imutável dos fenômenos e da relação-
-dependente, não enganosa,
Que tudo seja auspicioso para que minhas excelentes preces se
realizem,
De modo que eu rapidamente alcance a Budeidade onisciente.

**Cólofon:** Esta sadhana, ou prece ritual para obter aquisições espirituais, foi traduzida sob a compassiva orientação de Venerável Geshe Kelsang Gyatso Rinpoche.

# *Glossário*

***Ações não virtuosas*** As ações não virtuosas são incontáveis, mas a maioria delas está incluída nestas dez: matar, roubar, má conduta sexual, mentir, discurso divisor, discurso ofensivo, vã tagarelice, cobiça, maldade e sustentar visões errôneas. Consultar *Caminho Alegre da Boa Fortuna*.

***Agarramento ao em-si*** Mente conceitual que considera, ou sustenta, qualquer fenômeno como sendo inerentemente existente. A mente de agarramento ao em-si dá surgimento a todas as demais delusões, como a raiva e o apego. É a causa-raiz de todo sofrimento e insatisfação. Consultar *Novo Coração de Sabedoria* e *Oceano de Néctar*.

***Agregado(s) contaminado(s)*** Qualquer um dos agregados forma, sensação, discriminação, fatores de composição e consciência de um ser samsárico. Consultar *Novo Coração de Sabedoria*.

***Akshobya*** A manifestação do agregado consciência de todos os Budas. Akshobya tem um corpo azul.

***Amitabha*** A manifestação do agregado discriminação de todos os Budas. Amitabha tem um corpo vermelho.

***Aparência comum e concepção comum*** Aparência comum é qualquer aparência devida a uma mente impura, e concepção comum é qualquer mente que concebe coisas como comuns. De acordo com o Tantra, aparências comuns são obstruções à onisciência, e concepções comuns são obstruções à libertação. Consultar *Mahamudra-Tantra* e *Solos e Caminhos Tântricos*.

***Aparência dual*** A aparência de um objeto à mente juntamente com a existência inerente desse objeto. Consultar *Novo Coração de Sabedoria*.

***Aquisição*** "*Siddhi*", em sânscrito. Existem dois tipos de aquisição: as aquisições comuns e as aquisições supremas. Aquisições comuns são de quatro tipos principais: aquisições pacificadoras (a habilidade de purificar negatividade, superar obstáculos e curar doenças), aquisições crescentes (a habilidade de aumentar as realizações de Dharma, mérito, tempo de vida e riqueza), aquisições controladoras (a habilidade de alguém em controlar sua própria mente e ações e a mente e ações dos outros) e aquisições iradas (a habilidade de utilizar ações iradas, quando isso for apropriado, para beneficiar os outros). As aquisições supremas são as realizações especiais de um Buda. Consultar *Solos e Caminhos Tântricos*.

***Atisha*** (982–1054) Famoso erudito budista indiano e mestre de meditação. Ele foi abade do grande monastério budista de Vikramashila durante o período em que o Budismo Mahayana estava florescendo na Índia. Posteriormente, foi convidado a ir ao Tibete, e sua chegada levou ao reestabelecimento do Budismo no Tibete. Ele é o autor do primeiro texto sobre as etapas do caminho, *Luz para o Caminho à Iluminação*. Sua tradição ficou conhecida posteriormente como "a Tradição Kadampa". Consultar *Caminho Alegre da Boa Fortuna*.

***Autoapreço*** Atitude mental que faz com que alguém se considere supremamente importante e precioso. O autoapreço é identificado como o objeto principal a ser abandonado pelos Bodhisattvas. Consultar *Novo Oito Passos para a Felicidade* e *Contemplações Significativas*.

***Base de designação, base de imputação*** Todos os fenômenos são designados, ou imputados, sobre suas partes. Por essa razão, qualquer uma das partes individuais ou a coleção completa das partes de qualquer fenômeno é a sua base de designação, ou base de imputação. Um fenômeno é designado pela mente na dependência da base de designação do fenômeno que aparece à mente. Consultar *Novo Coração de Sabedoria.*

***Bênção*** Transformação da nossa mente (de um estado negativo para um estado positivo, de um estado infeliz para um estado feliz, de um estado de fraqueza para um estado de vigor) através da inspiração de seres sagrados, como nosso Guia Espiritual, Budas e Bodhisattvas.

***Bodhichitta*** Palavra sânscrita para "mente de iluminação". "*Bodhi*" significa "iluminação", e "*chitta*" significa "mente". Existem dois tipos de bodhichitta: bodhichitta convencional e bodhichitta última. Em linhas gerais, o termo "bodhichitta" refere-se à bodhichitta convencional, que é uma mente primária motivada por grande compaixão que busca, espontaneamente, a iluminação para beneficiar todos os seres vivos. Há dois tipos de bodhichitta convencional: a bodhichitta aspirativa e a bodhichitta de compromisso. A bodhichitta última é uma sabedoria motivada pela bodhichitta convencional e que realiza diretamente a vacuidade, a natureza última dos fenômenos. Consultar *Caminho Alegre da Boa Fortuna* e *Contemplações Significativas.*

***Bodhisattva*** Uma pessoa que gerou a bodhichitta espontânea, mas que ainda não se tornou um Buda. Consultar *Caminho Alegre da Boa Fortuna* e *Contemplações Significativas.*

***Brahma*** Um deus mundano ("*deva*", em sânscrito). Consultar *Oceano de Néctar.*

***Buda*** Um ser que abandonou completamente todas as delusões e suas marcas. Ver também Buda Shakyamuni. Consultar *Caminho Alegre da Boa Fortuna.*

***Buda Shakyamuni*** O quarto Buda dentre mil Budas fundadores que irão aparecer neste mundo durante este Éon Afortunado. Os três primeiros Budas foram Krakuchchhanda, Kanakamuni e Kashyapa. O quinto Buda será Maitreya. Consultar *Introdução ao Budismo*.

***Budismo Kadampa*** Escola budista mahayana fundada pelo grande mestre budista indiano Atisha (982–1054). Ver também Kadampa e Tradição Kadampa.

***Caminho profundo*** O caminho profundo inclui todas as práticas de sabedoria que conduzem a uma realização direta da vacuidade e, por fim, ao Corpo-Verdade de um Buda. Consultar *Caminho Alegre da Boa Fortuna* e *Oceano de Néctar*.

***Caminho vasto*** O caminho vasto inclui todas as práticas do método, desde o cultivo inicial da compaixão até a aquisição final do Corpo-Forma de um Buda. Consultar *Caminho Alegre da Boa Fortuna* e *Oceano de Néctar*.

***Campo para Acumular Mérito*** As Três Joias. Assim como sementes exteriores crescem num campo de cultivo, as sementes virtuosas interiores, produzidas pelas ações virtuosas, crescem na dependência da Joia Buda, da Joia Dharma e da Joia Sangha. Também conhecido como "Campo de Mérito".

***Canal central*** O principal canal, localizado bem no centro do corpo, e onde as rodas-canais estão localizadas ao longo de sua extensão. Consultar *Clara-Luz de Êxtase* e *Mahamudra-Tantra*.

***Clara aparência*** Em geral, uma percepção clara do objeto de meditação. Mais especificamente, clara aparência é uma prática do Mantra Secreto pela qual o praticante, tendo gerado a si mesmo como uma Deidade e o ambiente como o mandala da Deidade, tenta obter, para sua concentração, uma clara aparência da totalidade do objeto. A clara aparência é o antídoto à aparência comum. Consultar *Novo Guia à Terra Dakini*.

***Clara-luz*** Mente muito sutil manifesta que percebe uma aparência semelhante a um espaço vazio e claro. Consultar *Clara-Luz de Êxtase*.

***Coleção de mérito*** Ação virtuosa motivada por bodhichitta e que é a causa principal para se obter o Corpo-Forma de um Buda. Exemplos: fazer oferendas e prostrações aos seres sagrados com a motivação de bodhichitta; e praticar as perfeições de dar, disciplina moral e paciência.

***Coleção de sabedoria*** Ação mental virtuosa motivada por bodhichitta e que é a causa principal para se obter o Corpo-Verdade de um Buda. Exemplos: ouvir com atenção e contemplar ensinamentos sobre a vacuidade e meditar neles com a motivação de bodhichitta.

***Compaixão*** Uma mente que não pode suportar o sofrimento dos outros e que deseja que eles se libertem do sofrimento. Ver também grande compaixão. Consultar *Caminho Alegre da Boa Fortuna* e *Compaixão Universal*.

***Corpo-de-Deleite*** "*Sambhogakaya*", em sânscrito. O Corpo-Forma sutil de Buda, que pode ser percebido somente por mahayanas superiores. Consultar *Solos e Caminhos Tântricos*.

***Corpo-Emanação*** "*Nirmanakaya*", em sânscrito. O Corpo-Forma de um Buda, que pode ser visto por seres comuns. Consultar *Solos e Caminhos Tântricos*.

***Corpo-Emanação Supremo*** Um Corpo-Emanação especial que apresenta os 32 sinais maiores e as oitenta indicações menores, e que pode ser visto apenas pelos seres comuns que têm um carma muito puro. Ver também Corpo-Emanação.

***Corpo-ilusório*** O corpo-divino sutil que é desenvolvido, principalmente, a partir da gota indestrutível. Quando um praticante do Tantra Ioga Supremo sai da meditação sobre a mente-isolada da clara-luz-exemplo última, ele (ou ela) obtém um corpo que não é o mesmo que seu corpo físico comum. Esse novo corpo é o corpo-ilusório. Ele tem a mesma aparência que o corpo da Deidade pessoal do estágio de geração, exceto que sua cor é branca. Ele pode ser percebido unicamente por aqueles que já alcançaram o corpo-ilusório. Consultar *Clara-Luz de Êxtase* e *Solos e Caminhos Tântricos*.

***Corpo-vajra*** Geralmente, o termo refere-se aos canais, gotas e ventos interiores. Mais especificamente, ao corpo-ilusório puro. O corpo de um Buda é conhecido como "o corpo-vajra resultante". Consultar *Clara-Luz de Êxtase*.

***Dakinis e Dakas*** Dakinis são tanto os Budas tântricos femininos quanto as mulheres que alcançaram a realização da clara-luz-significativa. Dakas são os equivalentes masculinos. Consultar *Novo Guia à Terra Dakini*.

***Deidade*** "*Yidam*", em tibetano. Um ser iluminado tântrico.

***Demônio*** Ver mara/demônio.

***Dez direções*** As quatro direções cardeais, as quatro direções intermediárias e as direções para cima e para baixo.

***Dharmakaya*** Termo sânscrito para designar o Corpo-Verdade de um Buda.

***Dharmakirti*** Grande iogue e erudito budista indiano, que escreveu *Comentário à Cognição Válida*, um comentário ao *Compêndio da Cognição Válida*, escrito por seu Guia Espiritual Dignaga. Consultar *Como Entender a Mente*.

***Disciplina moral*** Uma determinação mental virtuosa de abandonar qualquer falha, ou uma ação física ou verbal motivada por essa determinação. Consultar *Caminho Alegre da Boa Fortuna*.

***Duas coleções*** As coleções de mérito e de sabedoria. Ver também coleção de mérito e coleção de sabedoria.

***Emanação*** Forma animada ou inanimada manifestada pelos Budas ou elevados Bodhisattvas para o benefício dos outros.

***Éon Afortunado*** Nome dado a esta era do mundo. A razão dessa denominação é porque mil Budas fundadores aparecerão durante este éon. Buda Shakyamuni foi o quarto, e Buda Maitreya será o quinto. O éon no qual nenhum Buda aparece é chamado "Éon de Trevas".

***Equilíbrio meditativo*** Concentração estritamente focada em um objeto virtuoso, como, por exemplo, a vacuidade. Consultar *Mahamudra-Tantra* e *Contemplações Significativas.*

***Estágio de conclusão*** Realizações do Tantra Ioga Supremo desenvolvidas na dependência de os ventos entrarem, permanecerem e se dissolverem no canal central por força de meditação. Consultar *Solos e Caminhos Tântricos* e *Mahamudra-Tantra.*

***Estágio de geração*** Realização de um ioga criativo antes da aquisição do estágio de conclusão efetivo. A realização do estágio de geração é obtida por meio da prática de trazer os três corpos para o caminho, na qual alguém gera mentalmente a si mesmo como uma Deidade tântrica e seu ambiente como o mandala da Deidade. A meditação no estágio de geração é denominada "ioga criativo" porque seu objeto é criado, ou gerado, por meio de imaginação correta. Consultar *Solos e Caminhos Tântricos, Budismo Moderno* e *Mahamudra-Tantra.*

***Etapas do caminho*** Ver Lamrim.

***Existência inerente*** Modo de existência imaginado, no qual os fenômenos são considerados como existindo do seu próprio lado, independentes de outros fenômenos. Em realidade, todos os fenômenos são vazios de existência inerente, pois dependem de suas partes. Consultar *Novo Coração de Sabedoria.*

***Êxtase incontaminado*** A realização de êxtase associado com a sabedoria que realiza diretamente a vacuidade. Consultar *Novo Guia à Terra Dakini* e *Solos e Caminhos Tântricos.*

***Famílias Búdicas*** Existem Cinco Famílias Búdicas principais: as famílias Vairochana, Ratnasambhava, Amitabha, Amoghasiddhi e Akshobya. As Cinco Famílias são os cinco agregados purificados (forma, sensação, discriminação, fatores de composição e consciência, respectivamente) e as cinco excelsas sabedorias (excelsa sabedoria semelhante-a-um-espelho, excelsa sabedoria da igualdade, excelsa sabedoria da análise individual, excelsa sabedoria de realizar atividades e excelsa sabedoria do Dharmadhatu, respectivamente). Consultar *Grande Tesouro de Mérito.*

***Grande compaixão*** Uma mente que deseja proteger todos os seres sencientes do sofrimento. Consultar *Compaixão Universal* e *Transforme sua Vida.*

***Grande falha, A*** A falha de rejeitar [algum ensinamento de] Dharma, que surge como o resultado de fazer uma discriminação incorreta entre as escrituras de Buda. Consultar *Caminho Alegre da Boa Fortuna.*

***Guia Espiritual*** "*Guru*", em sânscrito, e "*Lama*", em tibetano. O professor que nos guia ao longo do caminho espiritual. Consultar *Caminho Alegre da Boa Fortuna* e *Grande Tesouro de Mérito.*

***Guru*** Ver Guru-raiz e Guia Espiritual.

***Guru-raiz*** O Guia Espiritual principal de quem recebemos as iniciações, instruções e transmissões orais de nossa prática principal. Consultar *Grande Tesouro de Mérito* e *Caminho Alegre da Boa Fortuna.*

***Heruka*** Principal Deidade do Tantra-Mãe e a corporificação de êxtase e vacuidade indivisíveis. Ele tem um corpo azul, quatro faces e doze braços e está unido em abraço com sua consorte, Vajravarahi. Consultar *Essência do Vajrayana* e *Budismo Moderno.*

***Hinayana*** Palavra sânscrita para "Pequeno Veículo". A meta hinayana é meramente a conquista, para si próprio, da libertação do sofrimento, obtida pelo completo abandono das delusões. Consultar *Caminho Alegre da Boa Fortuna.*

***Ignorância*** Fator mental que está confuso sobre a natureza última dos fenômenos. Consultar *Como Entender a Mente.*

***Imagem genérica*** O objeto aparecedor de uma mente conceitual. A mente conceitual confunde a imagem genérica, ou imagem mental, com o próprio objeto. Por exemplo, se pensarmos em nossa mãe, uma imagem da nossa mãe aparecerá à nossa mente conceitual e, para essa mente, parecerá que a nossa mãe, ela própria, está aparecendo. No entanto, o objeto que principalmente aparece a essa mente é a imagem genérica da nossa mãe. Essa imagem genérica aparece à nossa mente por meio da exclusão mental de todos os objetos que não são a nossa mãe. Ela é, por essa razão, a aparência de uma *não* não-mãe. Consultar *Como Entender a Mente.*

***Indra*** Um deus mundano ("*deva*", em sânscrito). Consultar *Novo Coração de Sabedoria.*

***Iniciação*** ("*empowerment*" em inglês, que em uma tradução literal significa "empoderamento", "autorização", "permissão") Uma iniciação é um poder potencial especial para se obter qualquer um dos quatros corpos de um Buda. Um praticante tântrico recebe, de seu Guru ou de outros seres sagrados, uma iniciação por meio de um ritual tântrico. Uma iniciação é a porta de ingresso ao Vajrayana. Consultar *Solos e Caminhos Tântricos.*

***Inobservável compaixão*** Compaixão induzida e acompanhada por uma realização de que todos os seres vivos carecem de existência inerente. Consultar *Oceano de Néctar.*

***Kadampa*** Palavra tibetana na qual "Ka" significa "palavra" e refere-se a todos os ensinamentos de Buda; "dam" refere-se às instruções de Lamrim especiais de Atisha, conhecidas como "as etapas do caminho à iluminação"; e "pa" refere-se ao seguidor do

Budismo Kadampa, que integra em sua prática de Lamrim todos os ensinamentos de Buda que ele conhece. Ver também Budismo Kadampa e Tradição Kadampa.

***Kalarupa*** Um Protetor do Dharma que é uma emanação de Manjushri.

***Kangyur*** A coleção de todos os Sutras e Tantras que foram traduzidos do sânscrito para o tibetano. Ver também Tengyur.

***Lamrim*** Termo tibetano que significa literalmente "etapas do caminho". O Lamrim é uma organização especial de todos os ensinamentos de Buda, que é fácil de compreender e de ser colocado em prática. Ele revela todas as etapas do caminho à iluminação. Para um comentário completo ao Lamrim, consultar *Caminho Alegre da Boa Fortuna.*

***Letra-semente*** Letra sagrada a partir da qual uma Deidade é gerada. Cada Deidade possui uma letra-semente específica.

***Libertação*** "*Nirvana*", em sânscrito. Liberdade completa em relação ao samsara e suas causas, as delusões. Consultar *Caminho Alegre da Boa Fortuna.*

***Linhagem*** *Continuum* ("*line*", em inglês) de instruções transmitido de Guia Espiritual para discípulo, em que cada Guia Espiritual da linhagem obteve uma experiência pessoal da instrução antes de passá-la para os outros.

***Lojong*** Termo tibetano que significa literalmente "treino da mente". Uma linhagem especial de instruções que veio de Buda Shakyamuni e transmitida através de Manjushri e Shantideva até chegar a Atisha e os geshes kadampas. O *lojong* enfatiza gerar a bodhichitta por meio das práticas de *equalizar eu com outros* e de *trocar eu por outros*, em associação com a prática de tomar e dar. Consultar *Compaixão Universal* e *Novo Oito Passos para a Felicidade.*

***Losang Dragpa*** "Sumati Kirti", em sânscrito. É o nome de ordenação de Je Tsongkhapa. Consultar *Grande Tesouro de Mérito*.

***Madhyamika*** Termo sânscrito que significa literalmente "Caminho do Meio". É a mais elevada das duas escolas de princípios filosóficos mahayana. A visão Madhyamika foi ensinada por Buda nos *Sutras Perfeição de Sabedoria* durante a segunda girada da Roda do Dharma e foi elucidada, posteriormente, por Nagarjuna e seus seguidores. Existem duas divisões dessa escola: Madhyamika-Svatantrika e Madhyamika-Prasangika. A escola Madhyamika-Prasangika é a visão última e conclusiva de Buda. Consultar *Contemplações Significativas* e *Oceano de Néctar*.

***Mahakala*** Um Protetor do Dharma que aparece sob muitos aspectos diferentes: com quatro braços, seis braços, quatro faces, e assim por diante.

***Mahamudra*** Termo sânscrito que significa literalmente "grande selo". De acordo com os Sutras, refere-se à visão profunda da vacuidade. Como a vacuidade é a natureza de todos os fenômenos, ela é chamada de "selo", e como uma realização direta da vacuidade permite-nos realizar o grande propósito – a libertação completa dos sofrimentos do samsara – ele também é chamado de "grande". De acordo com o Mantra Secreto, "grande selo" é a união de grande êxtase espontâneo e vacuidade. Consultar *Mahamudra-Tantra*, *As Instruções Orais do Mahamudra* e *Clara-Luz de Êxtase*.

***Mahasiddha*** Termo sânscrito que significa "Grandemente Realizado". O termo Mahasiddha é utilizado para se referir a iogues ou ioguines com elevadas realizações.

***Mahayana*** Termo sânscrito para "Grande Veículo", o caminho espiritual à grande iluminação. A meta mahayana é conquistar a Budeidade para o benefício de todos os seres vivos, por meio do abandono completo das delusões e de suas marcas. Consultar *Caminho Alegre da Boa Fortuna*.

***Maitreya*** A corporificação da bondade amorosa de todos os Budas. No tempo de Buda Shakyamuni, Maitreya manifestou-se como um discípulo Bodhisattva. No futuro, ele irá se manifestar como o quinto Buda fundador.

***Mandala de corpo*** A transformação, de qualquer parte do corpo de uma Deidade autogerada ou de uma Deidade gerada-em-frente, em uma Deidade. Consultar *Novo Guia à Terra Dakini*, *Grande Tesouro de Mérito* e *Essência do Vajrayana*.

***Mantra*** Termo sânscrito que significa literalmente "proteção da mente". O mantra protege a mente contra aparências e concepções comuns. Existem quatro tipos de mantra: mantras que são mente, mantras que são vento interior, mantras que são som e mantras que são forma. Em geral, existem três tipos de recitação de mantra: recitação verbal, recitação mental e recitação vajra. Consultar *Solos e Caminhos Tântricos*.

***Mantra Secreto*** Sinônimo de Tantra. Os ensinamentos do Mantra Secreto diferem dos ensinamentos de Sutra por revelarem métodos para treinar a mente por meio de trazer o resultado futuro, a Budeidade, para o caminho presente. O Mantra Secreto é o caminho supremo à plena iluminação. Consultar *Solos e Caminhos Tântricos*.

***Mara/Demônio*** Mara é o termo sânscrito para "demônio", e refere-se a qualquer coisa que obstrua a conquista da libertação ou da iluminação. Existem quatro tipos principais de mara: o mara das delusões, o mara dos agregados contaminados, o mara da morte descontrolada e os maras Devaputra. Dentre os quatro tipos de mara, apenas os maras Devaputra são seres vivos. O principal mara Devaputra é Ishvara irado, o mais elevado dos deuses do reino do desejo, e que habita a "Terra em que se Controlam Emanações". Um Buda é denominado "Conquistador" porque ele (ou ela) conquistou todos os quatros tipos de mara. Consultar *Novo Coração de Sabedoria*.

***Mérito*** Boa fortuna criada por ações virtuosas. O mérito é um poder potencial para aumentar nossas boas qualidades e produzir felicidade.

***Monastério de Nalanda*** Grande local de aprendizagem e prática budista, na antiga Índia.

***Monte Meru*** De acordo com a cosmologia budista, uma montanha divina que se ergue no centro do universo.

***Nirvana*** Ver libertação.

***Obstruções à libertação*** Obstruções que impedem a conquista da libertação. Todas as delusões, como ignorância, apego e raiva, juntamente com suas sementes, são obstruções à libertação. São também denominadas "delusões-obstruções".

***Obstruções à onisciência*** As marcas das delusões, que impedem a realização simultânea e direta de todos os fenômenos. Somente os Budas superaram essas obstruções.

***Oferenda Ardente de Vajradaka*** Uma prática especial de purificação, através da qual nossas negatividades e quedas morais são transformadas em sementes de gergelim preto e oferecidas a Vajradaka, que aparece de um fogo ardente para consumi-las.

***Oferenda ao Guia Espiritual*** "*Lama Chopa*", em tibetano. Um Guru-Ioga especial de Je Tsongkhapa, no qual nosso Guia Espiritual é visualizado no aspecto de Lama Losang Tubwang Dorjechang. A instrução para essa prática foi revelada por Buda Manjushri na *Escritura Emanação Kadam* e colocada por escrito pelo primeiro Panchen-Lama. *Oferenda ao Guia Espiritual* é uma prática preliminar essencial ao Mahamudra Vajrayana. Para um comentário completo a essa prática, consultar *Grande Tesouro de Mérito*.

***Oferenda do mandala*** Oferenda do universo inteiro visualizado como uma Terra Pura, com todos os seus habitantes como seres puros. Consultar *Novo Guia à Terra Dakini*.

***Oferenda de torma*** Oferenda especial de comida feita de acordo com rituais sútricos ou tântricos. Consultar *Essência do Vajrayana*.

***Oferenda tsog*** Oferenda feita por uma Assembleia de Heróis e Heroínas. Consultar *Novo Guia à Terra Dakini*.

***Oito interesses mundanos, Os*** Os objetos dos oito interesses mundanos (ou preocupações mundanas) dizem respeito a: felicidade e sofrimento, riqueza e pobreza, louvor e crítica, boa reputação e má reputação. São chamados de "os oito interesses mundanos" porque as pessoas mundanas estão constantemente preocupadas com eles, desejando alguns e tentando evitar outros. Consultar *Compaixão Universal* e *Caminho Alegre da Boa Fortuna*.

***Orgulho divino*** Orgulho não deludido de alguém que se considera, a si próprio, como uma Deidade, e seu ambiente e prazeres como sendo os da Deidade. O orgulho divino é o antídoto às concepções comuns. Consultar *Novo Guia à Terra Dakini* e *Mahamudra-Tantra*.

***Postura vajra*** A perfeita postura de pernas cruzadas. Consultar *Caminho Alegre da Boa Fortuna*.

***Pratimoksha*** Palavra sânscrita que significa "libertação individual". Consultar *O Voto Bodhisattva*.

***Puja*** Cerimônia na qual são feitas, diante de seres sagrados, oferendas e outros atos de devoção.

***Quatro destemores*** Qualidades especiais de um Buda. Um destemor é uma realização última e totalmente firme que é inteiramente livre do medo de expor o Dharma. Consultar *Oceano de Néctar*.

***Quatro maras*** Ver mara/demônio.

***Quatro Nobres Verdades*** Verdadeiros sofrimentos, verdadeiras origens, verdadeiras cessações e verdadeiros caminhos. Elas são denominadas "nobres" verdades porque são objetos supremos de meditação. Por meditarmos nesses quatro objetos, podemos realizar a verdade última diretamente e, assim, nos tornarmos um ser superior, ou nobre. Algumas vezes, as Quatro Nobres Verdades são referidas como "as Quatro Verdades dos Superiores". Consultar *Caminho Alegre da Boa Fortuna* e *Como Solucionar Nossos Problemas Humanos.*

***Reino do desejo*** Os ambientes dos seres-do-inferno, espíritos famintos, animais, seres humanos, semideuses e dos deuses que desfrutam dos cinco objetos de desejo.

***Renúncia*** O desejo de se libertar do samsara. Consultar *Caminho Alegre da Boa Fortuna.*

***Retiro-aproximador*** Retiro durante o qual nos empenhamos em nos aproximar de uma Deidade específica. Isso pode ser entendido de duas maneiras: aproximarmo-nos no sentido de desenvolver uma relação especial com um amigo, e aproximarmo-nos no sentido de nos tornarmos cada vez mais parecidos com a Deidade. Um *retiro aproximador de ação* é um retiro-aproximador no qual coletamos um determinado número de mantras e o concluímos com um puja do fogo. Consultar *Novo Guia à Terra Dakini.*

***Roda-Canal*** "*Chakra*", em sânscrito. O chakra é um centro focal de onde canais secundários ramificam-se a partir do canal central. Meditar nesses pontos pode fazer com que os ventos interiores entrem no canal central. Consultar *Clara-Luz de Êxtase.*

***Roda do Dharma*** Buda deu seus ensinamentos em três fases principais, que são conhecidas como "as Três Giradas da Roda do Dharma". Durante a primeira, Buda ensinou as Quatro Nobres Verdades;

durante a segunda, ele ensinou os *Sutras Perfeição de Sabedoria* e revelou a visão Madhyamika-Prasangika; e durante a terceira, ensinou a visão Chittamatra. Consultar *Introdução ao Budismo.*

***Sabedoria*** Mente inteligente virtuosa que faz sua mente primária compreender ou realizar seu objeto por inteiro. A sabedoria é um caminho espiritual que atua, ou funciona, para libertar nossa mente das delusões ou das marcas das delusões. Um exemplo de sabedoria é a visão correta da vacuidade. Consultar *Novo Coração de Sabedoria* e *Como Entender a Mente.*

***Sadhana*** Um ritual que é um método para obter realizações espirituais. Ele pode estar associado com o Sutra ou com o Tantra.

***Samsara*** O samsara pode ser compreendido de duas maneiras: como renascimento ininterrupto, sem liberdade ou controle, ou como os agregados de um ser que tomou tal renascimento. O samsara é caracterizado por sofrimento e insatisfação. Existem seis reinos no samsara. Os reinos do samsara, listados em ordem ascendente de acordo com o tipo de carma que causa o renascimento neles, são: o reino dos seres-do-inferno, o reino dos espíritos famintos, o reino dos animais, o reino dos seres humanos, o reino dos semideuses e o reino dos deuses. Os três primeiros reinos são reinos inferiores, ou migrações infelizes; e os demais três reinos são reinos superiores, ou migrações felizes. Embora o reino dos deuses seja o mais elevado reino no samsara, devido ao carma que causa o renascimento nele, é dito que o reino humano é o reino mais afortunado, pois proporciona as melhores condições para se alcançar a libertação e a iluminação. Consultar *Caminho Alegre da Boa Fortuna.*

***Sangha*** De acordo com a tradição do Vinaya, Sangha é qualquer comunidade de quatro, ou mais, monges ou monjas plenamente ordenados. Em geral, pessoas ordenadas ou leigos que tomaram os votos bodhisattva ou os votos tântricos também podem ser chamados de Sangha.

***Seis perfeições*** As perfeições de dar, disciplina moral, paciência, esforço, estabilização mental e sabedoria. Elas são chamadas de "perfeições" porque são motivadas pela bodhichitta. Consultar *Caminho Alegre da Boa Fortuna* e *Contemplações Significativas*.

***Seis reinos*** Ver samsara.

***Ser-de-compromisso*** Um Buda visualizado ou nós mesmos visualizados como um Buda. Um ser-de-compromisso é assim denominado porque, em geral, é um compromisso de todo budista visualizar ou lembrar-se de Buda e, em particular, é um compromisso de todos os que receberam uma iniciação do Tantra Ioga Supremo gerarem-se, a si próprios, como uma Deidade.

***Ser-de-sabedoria*** Um Buda real, propriamente dito, especialmente convidado a se unificar com um ser-de-compromisso visualizado.

***Ser superior*** "*Arya*", em sânscrito. Ser que possui uma realização direta da vacuidade. Existem Hinayanas superiores e Mahayanas superiores.

***Sinais e indicações*** Características especiais da forma de um Buda. Um exemplo dos 32 sinais maiores, ou "marcas maiores", é o sinal da roda nas palmas das mãos e nas solas dos pés. As oitenta indicações, algumas vezes denominadas "as marcas menores", incluem sinais tais como unhas cor de cobre.

***Sutra*** Os ensinamentos de Buda que são abertos para a prática de todos, sem necessidade de uma iniciação. Os ensinamentos de Sutra incluem os ensinamentos de Buda das Três Giradas da Roda do Dharma.

***Sutras Perfeição de Sabedoria*** Sutras da segunda girada da Roda do Dharma, na qual Buda revelou sua visão final sobre a natureza última de todos os fenômenos – a vacuidade de existência inerente. Consultar *Novo Coração de Sabedoria* e *Oceano de Néctar*.

***Sutras Vinaya*** Sutras nos quais Buda explica, principalmente, a prática de disciplina moral e, em particular, a disciplina moral Pratimoksha.

***Tantra Ioga Supremo*** Uma instrução tântrica que inclui o método para transformar êxtase sexual em caminho espiritual. Consultar *Solos e Caminhos Tântricos* e *Mahamudra-Tantra*.

***Tempos degenerados*** Período no qual atividades espirituais se degeneram.

***Tengyur*** A coleção dos comentários aos ensinamentos de Buda, traduzidos do sânscrito para o tibetano. Ver também Kangyur.

***Terra Pura*** Ambiente puro onde não há verdadeiros sofrimentos. Existem muitas Terras Puras. Por exemplo: Tushita é a Terra Pura de Buda Maitreya; Sukhavati é a Terra Pura de Buda Amitabha; e a Terra Dakini, ou Keajra, é a Terra Pura de Buda Vajrayogini e Buda Heruka. Consultar *Viver Significativamente, Morrer com Alegria*.

***Tradição Kadampa*** A pura tradição do Budismo estabelecido por Atisha. Os seguidores dessa tradição, até a época de Je Tsongkhapa, são conhecidos como "Antigos Kadampas", e os seguidores após a época de Je Tsongkhapa são conhecidos como "Novos Kadampas". Ver também Kadampa e Budismo Kadampa.

***Tranquilo-permanecer*** Concentração que possui o êxtase especial da maleabilidade física e mental. A concentração do tranquilo-permanecer é obtida na dependência da conclusão das nove permanências mentais. Consultar *Caminho Alegre da Boa Fortuna* e *Contemplações Significativas*.

***Transferência de consciência*** "*Powa*", em tibetano. Uma prática para transferir a consciência para uma Terra Pura no momento da morte. Consultar *Viver Significativamente, Morrer com Alegria*.

***Treino da mente*** Ver Lojong.

***Três Joias*** As Três Joias são os três objetos de refúgio: a Joia Buda, a Joia Dharma e a Joia Sangha. Eles são chamados de "Joias" porque são raros e preciosos. Consultar *Caminho Alegre da Boa Fortuna.*

***Três reinos*** Os três níveis do samsara: o reino do desejo, o reino da forma e o reino da sem-forma.

***União-do-Não-Mais-Aprender*** A união do corpo-ilusório puro com a clara-luz-significativa que abandonou as obstruções à onisciência. "União-do-Não-Mais-Aprender" e "Budeidade" são sinônimos. Consultar *Clara-Luz de Êxtase* e *Solos e Caminhos Tântricos.*

***União-que-precisa-aprender*** A união do corpo-ilusório puro com a clara-luz-significativa que ainda não abandonou as obstruções à onisciência. Consultar *Clara-Luz de Êxtase* e *Solos e Caminhos Tântricos.*

***Vacuidade*** Ausência de existência inerente, a natureza última dos fenômenos. Consultar *Novo Coração de Sabedoria* e *Transforme sua Vida.*

***Vajradhara*** O fundador do Vajrayana. Vajradhara é o mesmo continuum mental que Buda Shakyamuni, mostrando, porém, um aspecto diferente. Buda Shakyamuni aparece no aspecto de um Corpo-Emanação, ao passo que Conquistador Vajradhara aparece no aspecto de um Corpo-de-Deleite. Consultar *Grande Tesouro de Mérito.*

***Vajrapani*** A corporificação do poder de todos os Budas. Ele aparece com um aspecto irado, mostrando seu poder de superar obstáculos exteriores, interiores e secretos.

***Vajrayana*** O veículo do Mantra Secreto. Consultar *Solos e Caminhos Tântricos.*

***Vajrayogini*** Deidade feminina do Tantra Ioga Supremo que é a corporificação do êxtase e vacuidade indivisíveis. Ela é a mesma natureza que Heruka. Consultar *Novo Guia à Terra Dakini.*

***Verdade convencional*** Qualquer outro fenômeno que não a vacuidade. Verdades convencionais são verdadeiras com respeito às mentes dos seres comuns, mas, em realidade, as verdades convencionais são falsas. Consultar *Novo Coração de Sabedoria.*

***Verdade última*** A natureza última de todos os fenômenos, a vacuidade. Consultar *Novo Coração de Sabedoria* e *Transforme sua Vida.*

***Verdadeira cessação*** A natureza última de uma mente liberta de qualquer obstrução por meio de um verdadeiro caminho. Consultar *Caminho Alegre da Boa Fortuna.*

***Verdadeira origem*** Uma ação ou uma delusão que é a causa principal de um verdadeiro sofrimento. Consultar *Caminho Alegre da Boa Fortuna.*

***Verdadeiro caminho*** Caminho espiritual sustentado pela sabedoria que realiza diretamente a vacuidade. Consultar *Caminho Alegre da Boa Fortuna.*

***Verdadeiro sofrimento*** Objeto contaminado produzido por delusões e carma. Consultar *Caminho Alegre da Boa Fortuna.*

***Visão superior*** Uma sabedoria especial que vê ou percebe seu objeto claramente, e que é mantida pelo tranquilo-permanecer e pela maleabilidade especial induzida por investigação. Consultar *Caminho Alegre da Boa Fortuna.*

***Voto*** Promessa de abster-se de determinadas ações. Os três conjuntos de votos são: os votos Pratimoksha de libertação individual, os votos bodhisattva e os votos do Mantra Secreto. Consultar *O Voto Bodhisattva* e *Solos e Caminhos Tântricos.*

***Yamantaka*** Deidade do Tantra Ioga Supremo e que é uma manifestação irada de Manjushri.

***Yidam*** Ver Deidade.

# *Bibliografia*

**Venerável Geshe Kelsang Gyatso Rinpoche** é um mestre de meditação e erudito altamente respeitado da tradição do Budismo Mahayana fundada por Je Tsongkhapa. Desde sua chegada ao Ocidente, em 1977, Venerável Geshe Kelsang Gyatso Rinpoche tem trabalhado incansavelmente para estabelecer o puro Budadharma no mundo inteiro. Durante esse tempo, deu extensos ensinamentos sobre as principais escrituras mahayana. Esses ensinamentos proporcionam uma exposição completa das práticas essenciais de Sutra e de Tantra do Budismo Mahayana.

Consulte o *website* da Tharpa Brasil para conferir os títulos disponíveis em língua portuguesa.

**Livros**


*Budismo Moderno*. O caminho da compaixão e sabedoria. (3ª edição, 2015)

*Caminho Alegre da Boa Fortuna*. O completo caminho budista à iluminação. (4ª edição, 2010)

*Clara-Luz de Êxtase*. Um manual de meditação tântrica.

*Como Solucionar Nossos Problemas Humanos*. As Quatro Nobres Verdades. (4ª edição, 2012)

*Compaixão Universal*. Soluções inspiradoras para tempos difíceis. (3ª edição, 2007)

*Contemplações Significativas*. Como se tornar um amigo do mundo. (2009)

*Como Entender a Mente.* A natureza e o poder da mente. (edição revista pelo autor, 2014. Edição anterior, com o título *Entender a Mente*, 2002)

*Essência do Vajrayana.* A prática do Tantra Ioga Supremo do mandala de corpo de Heruka.

*Grande Tesouro de Mérito.* Como confiar num Guia Espiritual. (2013)

*Guia do Estilo de Vida do Bodhisattva.* Como desfrutar uma vida de grande significado e altruísmo. Uma tradução da famosa obra-prima em versos de Shantideva. (2ª edição, 2009)

*Introdução ao Budismo.* Uma explicação do estilo de vida budista. (6ª edição, 2012)

*As Instruções Orais do Mahamudra.* A verdadeira essência dos ensinamentos, de Sutra e de Tantra, de Buda (2016)

*Joia-Coração.* As práticas essenciais do Budismo Kadampa. (2ª edição, 2016)

*Mahamudra-Tantra.* O supremo néctar da Joia-Coração. (2ª edição, 2014)

*Novo Coração de Sabedoria.* Uma explicação do Sutra Coração. (edição revista pelo autor, 2013. Edição anterior, com o título *Coração de Sabedoria*, 2005)

*Novo Guia à Terra Dakini.* A prática do Tantra Ioga Supremo de Buda Vajrayogini. (edição revista pelo autor, 2015. Edição anterior, com o título *Guia à Terra Dakini*, 2001)

*Novo Manual de Meditação.* Meditações para tornar nossa vida feliz e significativa. (3ª edição, 2016)

*Oceano de Néctar.* A verdadeira natureza de todas as coisas.

*Oito Passos para a Felicidade.* O caminho budista da bondade amorosa. (edição revista pelo autor, 2013. Edição anterior, com mesmo título, 2007). Em preparação: *Novo Oito Passos para a Felicidade*, a partir da nova edição revista pelo autor em 2016.

*Solos e Caminhos Tântricos.* Como ingressar, progredir e concluir o Caminho Vajrayana. (2016)

*Transforme sua Vida.* Uma jornada de êxtase. (2ª edição, 2014)

*Viver Significativamente, Morrer com Alegria.* A prática profunda da transferência de consciência. (2007)
*O Voto Bodhisattva.* Um guia prático para ajudar os outros. (2ª edição, 2005)

**Sadhanas**

Venerável Geshe Kelsang Gyatso Rinpoche também supervisionou a tradução de uma coleção essencial de sadhanas, ou livretos de orações. Consulte o *website* da Tharpa Brasil para conferir os títulos disponíveis em língua portuguesa.

*Caminho de Compaixão para quem Morreu.* Sadhana de Powa para o benefício dos que morreram.
*Caminho de Êxtase.* A sadhana condensada de autogeração de Vajrayogini
*Caminho Rápido ao Grande Êxtase.* A sadhana extensa de autogeração de Vajrayogini.
*Caminho à Terra Pura.* Sadhana para o treino em Powa – a transferência de consciência.
*As Centenas de Deidades da Terra Alegre de Acordo com o Tantra Ioga Supremo.* O Guru-Ioga de Je Tsongkhapa como uma Prática Preliminar ao Mahamudra.
*Cerimônia de Powa.* Transferência de consciência de quem morreu.
*Cerimônia de Refúgio Mahayana e Cerimônia do Voto Bodhisattva.*
*A Confissão Bodhisattva das Quedas Morais.* A prática de purificação do Sutra Mahayana dos Três Montes Superiores.
*Essência da Boa Fortuna.* Preces das seis práticas preparatórias para a meditação sobre as Etapas do Caminho à iluminação.
*Essência do Vajrayana.* Sadhana de autogeração do mandala de corpo de Heruka, de acordo com o sistema de Mahasiddha Ghantapa.
*Essência do Vajrayana Condensado.* Sadhana de autogeração do mandala de corpo de Heruka.

*O Estilo de Vida Kadampa*. As práticas essenciais do Lamrim Kadam.
*Festa de Grande Êxtase*. Sadhana de autoiniciação de Vajrayogini.
*Gota de Néctar Essencial*. Uma prática especial de jejum e de purificação em associação com Avalokiteshvara de Onze Faces.
*Grande Libertação do Pai*. Preces preliminares para a meditação no Mahamudra em associação com a prática de Heruka.
*Grande Libertação da Mãe*. Preces preliminares para a meditação no Mahamudra em associação com a prática de Vajrayogini.
*A Grande Mãe*. Um método para superar impedimentos e obstáculos pela recitação do *Sutra Essência da Sabedoria* (o *Sutra Coração*).
*O Ioga de Avalokiteshvara de Mil Braços*. Sadhana de autogeração.
*O Ioga de Buda Amitayus*. Um método especial para aumentar tempo de vida, sabedoria e mérito.
*O Ioga de Buda Heruka*. A sadhana essencial de autogeração do mandala de corpo de Heruka & Ioga Condensado em Seis Sessões.
*O Ioga de Buda Maitreya*. Sadhana de autogeração.
*O Ioga de Buda Vajrapani*. Sadhana de autogeração.
*Ioga da Dakini*. A sadhana mediana de autogeração de Vajrayogini.
*O Ioga da Grande Mãe Prajnaparamita*. Sadhana de autogeração.
*O Ioga Incomum da Inconceptibilidade*. A instrução especial sobre como alcançar a Terra Pura de Keajra com este corpo humano.
*O Ioga da Mãe Iluminada Arya Tara*. Sadhana de autogeração.
*O Ioga de Tara Branca, Buda de Longa Vida*.
*Joia-Coração*. O Guru-Ioga de Je Tsongkhapa, associado à sadhana condensada de seu Protetor do Dharma.
*Joia-que-Satisfaz-os-Desejos*. O Guru-Ioga de Je Tsongkhapa, associado à sadhana de seu Protetor do Dharma.
*Libertação da Dor*. Preces e pedidos às 21 Taras.
*Manual para a Prática Diária dos Votos Bodhisattva e Tântricos*.
*Meditação e Recitação de Vajrasattva Solitário*.
*Melodioso Tambor Vitorioso em Todas as Direções*. O ritual extenso de cumprimento e de renovação de compromissos com o Protetor do Dharma, o grande rei Dorje Shugden, juntamente com Mahakala, Kalarupa, Kalindewi e outros Protetores do Dharma.

*Nova Essência do Vajrayana*. A prática de autogeração do mandala de corpo de Heruka, uma instrução da Linhagem Oral Ganden.

*Oferenda ao Guia Espiritual (Lama Chöpa)*. Uma maneira especial de confiar no Guia Espiritual.

*Paraíso de Keajra*. O comentário essencial à prática do *Ioga Incomum da Inconceptibilidade*.

*Prece do Buda da Medicina*. Um método para beneficiar os outros.

*Preces para Meditação*. Preces preparatórias breves para meditação.

*Preces pela Paz Mundial*.

*Preces Sinceras*. Preces para o rito funeral em cremações ou enterros.

*Sadhana de Avalokiteshvara*. Preces e pedidos ao Buda da Compaixão.

*Sadhana do Buda da Medicina*. Um método para obter as aquisições do Buda da Medicina.

*O Tantra-Raiz de Heruka e Vajrayogini*. Capítulos Um e Cinquenta e Um do Tantra-Raiz Condensado de Heruka.

*O Texto-Raiz: As Oito Estrofes do Treino da Mente*.

*Tesouro de Sabedoria*. A sadhana do Venerável Manjushri.

*União do Não-Mais-Aprender*. Sadhana de autoiniciação do mandala de corpo de Heruka.

*Vida Pura*. A prática de tomar e manter os Oito Preceitos Mahayana.

*Os Votos e Compromissos do Budismo Kadampa*.

Os livros e sadhanas de Venerável Geshe Kelsang Gyatso Rinpoche podem ser adquiridos nos Centros Budistas Kadampa e Centros de Meditação Kadampa e suas filiais. Você também pode adquiri-los diretamente pelo *site* da Editora Tharpa Brasil.

Editora Tharpa Brasil
Rua Artur de Azevedo 1360
Pinheiros
05404-003 - São Paulo, SP
Fone: 11 3476-2328
Web: www.tharpa.com.br
E-mail: contato.br@tharpa.com

# *Programas de Estudo do Budismo Kadampa*

O Budismo Kadampa é uma escola do Budismo Mahayana fundada pelo grande mestre budista indiano Atisha (982–1054). Seus seguidores são conhecidos como "Kadampas": "Ka" significa "palavra" e refere-se aos ensinamentos de Buda, e "dam" refere-se às instruções especiais de Lamrim ensinadas por Atisha, conhecidas como "as Etapas do Caminho à iluminação". Integrando o conhecimento dos ensinamentos de Buda com a prática de Lamrim, e incorporando isso em suas vidas diárias, os budistas kadampas são incentivados a usar os ensinamentos de Buda como métodos práticos para transformar atividades diárias em caminho à iluminação. Os grandes professores kadampas são famosos não apenas por serem grandes eruditos, mas também por serem praticantes espirituais de imensa pureza e sinceridade.

A linhagem desses ensinamentos, tanto sua transmissão oral como suas bênçãos, foi passada de mestre a discípulo e se espalhou por grande parte da Ásia e, agora, por diversos países do mundo ocidental. Os ensinamentos de Buda, conhecidos como "Dharma", são comparados a uma roda que gira, passando de um país a outro segundo as condições e tendências cármicas de seus habitantes. As formas externas de se apresentar o Budismo podem mudar de acordo com as diferentes culturas e sociedades, mas sua autenticidade essencial é assegurada pela continuidade de uma linhagem ininterrupta de praticantes realizados.

O Budismo Kadampa foi introduzido no Ocidente em 1977 pelo renomado mestre budista Venerável Geshe Kelsang Gyatso Rinpoche. Desde então, ele vem trabalhando incansavelmente para expandir o Budismo Kadampa por todo o mundo, dando extensos ensinamentos, escrevendo textos profundos sobre o Budismo Kadampa e fundando a Nova Tradição Kadampa-União Budista Kadampa Internacional (NKT–IKBU), que hoje congrega mais de mil Centros Budistas e grupos kadampa em todo o mundo. Esses centros oferecem programas de estudo sobre a psicologia e a filosofia budistas, instruções para meditar e retiros para todos os níveis de praticantes. A programação enfatiza a importância de incorporarmos os ensinamentos de Buda na vida diária, de modo que possamos solucionar nossos problemas humanos e propagar paz e felicidade duradouras neste mundo.

O Budismo Kadampa da NKT–IKBU é uma tradição budista totalmente independente e sem filiações políticas. É uma associação de centros budistas e de praticantes que se inspiram no exemplo e nos ensinamentos dos mestres kadampas do passado, conforme a apresentação feita por Venerável Geshe Kelsang Gyatso Rinpoche.

Existem três razões pelas quais precisamos estudar e praticar os ensinamentos de Buda: para desenvolver nossa sabedoria, cultivar um bom coração e manter a paz mental. Se não nos empenharmos em desenvolver nossa sabedoria, sempre permaneceremos ignorantes da verdade última – a verdadeira natureza da realidade. Embora almejemos felicidade, nossa ignorância nos faz cometer ações não virtuosas, a principal causa do nosso sofrimento. Se não cultivarmos um bom coração, nossa motivação egoísta destruirá a harmonia e tudo o que há de bom nos nossos relacionamentos com os outros. Não teremos paz nem chance de obter felicidade pura. Sem paz interior, a paz exterior é impossível. Se não mantivermos um estado mental apaziguado, não conseguiremos ser felizes, mesmo que estejamos desfrutando de condições ideais. Por outro lado, quando nossa mente está em paz, somos felizes ainda que as condições exteriores sejam ruins. Portanto, o desenvolvimento dessas qualidades é da maior importância para nossa felicidade diária.

Venerável Geshe Kelsang Gyatso Rinpoche, ou "Geshe-la", como é carinhosamente chamado por seus discípulos, organizou três programas espirituais especiais para o estudo sistemático e a prática do Budismo Kadampa. Esses programas são especialmente adequados para a vida moderna – o Programa Geral (PG), o Programa Fundamental (PF) e o Programa de Formação de Professores (PFP).

## PROGRAMA GERAL

O Programa Geral (PG) oferece uma introdução básica aos ensinamentos, à meditação e à prática budistas, e é ideal para iniciantes. Também inclui alguns ensinamentos e práticas mais avançadas de Sutra e de Tantra.

## PROGRAMA FUNDAMENTAL

O Programa Fundamental (PF) oferece uma oportunidade de aprofundar nossa compreensão e experiência do Budismo por meio do estudo sistemático de seis textos:

1. *Caminho Alegre da Boa Fortuna* – um comentário às instruções de Lamrim, as Etapas do Caminho à iluminação, de Atisha.
2. *Compaixão Universal* – um comentário ao *Treino da Mente em Sete Pontos*, do Bodhisattva Chekhawa.
3. *Novo Oito Passos para a Felicidade* – um comentário às *Oito Estrofes do Treino da Mente*, do Bodhisattva Langri Tangpa.
4. *Novo Coração de Sabedoria* – um comentário ao *Sutra Coração*.
5. *Contemplações Significativas* – um comentário ao *Guia do Estilo de Vida do Bodhisattva*, escrito pelo Venerável Shantideva.

6. *Como Entender a Mente* – uma explicação detalhada da mente, com base nos trabalhos dos eruditos budistas Dharmakirti e Dignaga.

Os benefícios de estudar e praticar esses textos são:

(1) *Caminho Alegre da Boa Fortuna* – obtemos a habilidade de colocar em prática todos os ensinamentos de Buda: de Sutra e de Tantra. Podemos facilmente fazer progressos e concluir as etapas do caminho à felicidade suprema da iluminação. Do ponto de vista prático, o Lamrim é o corpo principal dos ensinamentos de Buda, e todos os demais ensinamentos são como seus membros.

(2) *Compaixão Universal* e (3) *Novo Oito Passos para a Felicidade* – obtemos a habilidade de incorporar os ensinamentos de Buda em nossa vida diária e de solucionar todos os nossos problemas humanos.

(4) *Novo Coração de Sabedoria* – obtemos a realização da natureza última da realidade. Por meio dessa realização, podemos eliminar a ignorância do agarramento ao em-si, que é a raiz de todos os nossos sofrimentos.

(5) *Contemplações Significativas* – transformamos nossas atividades diárias no estilo de vida de um Bodhisattva, tornando significativo cada momento de nossa vida humana.

(6) *Como Entender a Mente* – compreendemos a relação entre nossa mente e seus objetos exteriores. Se entendermos que os objetos dependem da mente subjetiva, poderemos mudar a maneira como esses objetos nos aparecem, por meio de mudar nossa própria mente. Aos poucos, vamos adquirir a habilidade de controlar nossa mente e de solucionar todos os nossos problemas.

## PROGRAMA DE FORMAÇÃO DE PROFESSORES

O Programa de Formação de Professores (PFP) foi concebido para as pessoas que desejam treinar para se tornarem autênticos professores de Dharma. Além de concluir o estudo de quatorze textos de Sutra e de Tantra (e que incluem os seis textos acima citados), o estudante deve observar alguns compromissos que dizem respeito ao seu comportamento e estilo de vida e concluir um determinado número de retiros de meditação.

Um Programa Especial de Formação de Professores é também mantido pelo KMC London, e pode ser realizado presencialmente ou por correspondência. Esse programa especial de estudo e meditação consiste de seis cursos desenvolvidos ao longo de três anos, fundamentados nos seguintes livros de Venerável Geshe Kelsang Gyatso Rinpoche: *Como Entender a Mente*; *Budismo Moderno*; *Novo Coração de Sabedoria*; *Solos e Caminhos Tântricos*; *Guia do Estilo de Vida do Bodhisattva*, de Shantideva, e seu comentário – *Contemplações Significativas*; e *Oceano de Néctar*.

Todos os Centros Budistas Kadampa são abertos ao público. Anualmente, celebramos festivais nos EUA e Europa, incluindo dois festivais na Inglaterra, nos quais pessoas do mundo inteiro reúnem-se para receber ensinamentos e iniciações especiais e desfrutar de férias espirituais. Por favor, sinta-se à vontade para nos visitar a qualquer momento!

Para mais informações sobre o Budismo Kadampa
e para conhecer o Centro Budista mais próximo de você,
por favor, entre em contato com:

Centro de Meditação
Kadampa Brasil
www.budismokadampa.org.br

Centro de Meditação
Kadampa Mahabodhi
www.meditadoresurbanos.org.br

Centro de Meditação
Kadampa Rio de Janeiro
www.meditario.org.br

Centro de Meditação
Kadampa Campinas
www.budismocampinas.org.br

# *Escritórios da Editora Tharpa no Mundo*

Atualmente, os livros da Editora Tharpa são publicados em inglês (americano e britânico), chinês, francês, alemão, italiano, japonês, português e espanhol. Os livros na maioria desses idiomas estão disponíveis em qualquer um dos escritórios da Editora Tharpa listados abaixo.

**Inglaterra (UK Office)**
Tharpa Publications UK
Conishead Priory
ULVERSTON
Cumbria, LA12 9QQ, UK
Tel: +44 (0)1229-588599
Web: www.tharpa.com/uk
E-mail: info.uk@tharpa.com

**Estados Unidos (US Office)**
Tharpa Publications US
47 Sweeney Road
GLEN SPEY, NY 12737, USA
Tel: +1 845-856-5102
Toll-free: +1 888-741-3475
Fax: +1 845-856-2110
Web: www.tharpa.com/us
E-mail: info.us@tharpa.com

**África do Sul**
26 Menston Rd., Dawncliffe,
Westville, 3629, KZN
REP. OF SOUTH AFRICA
Tel : +27 (0)72 551 3429
Fax: +27 (0)86 513 3476
Web: www.tharpa.com/za
E-mail: info.za@tharpa.com

**Alemanha**
Tharpa-Verlag Deutschland
Mehringdamm 33, Aufgang 2,
10961 BERLIN, GERMANY
Tel: +49 (030) 430 55 666
Web: www.tharpa.com/de
E-mail: info.de@tharpa.com

**Ásia (Asia Office)**
Tharpa Asia
1st Floor Causeway Tower,
16-22 Causeway Road
Causeway Bay,
HONG KONG
Tel: +(852) 2507 2237
Web: www.tharpa.com/hk-en
E-mail: info.asia@tharpa.com

**Austrália**
Tharpa Publications Australia
25 McCarthy Road
MONBULK VIC 3793
AUSTRALIA
Tel: +61 (0)3 9752-0377
Web: www.tharpa.com/au
E-mail: info.au@tharpa.com

**Brasil**
Editora Tharpa Brasil
Rua Artur de Azevedo 1360
Pinheiros
05404-003
São Paulo, SP, BRASIL
Tel: +55 (11) 3476-2328
Web: www.tharpa.com.br
E-mail: contato.br@tharpa.com

**Canadá**
Tharpa Publications Canada
631 Crawford Street
TORONTO ON M6G 3K1,
CANADA
Tel: (+1) 416-762-8710
Toll-free: (+1) 866-523-2672
Fax: (+1) 416-762-2267
Web (Eng): www.tharpa.com/ca
Web (Fr): www.tharpa.com/ca-fr
E-mail: info.ca@tharpa.com

**Espanha**
Editorial Tharpa España
Calle Manuela Malasaña 26
local dcha, 28004 MADRID
ESPAÑA
Tel.: +34 917 55 75 35
Web: www.tharpa.com/es
E-mail: info.es@tharpa.com

**França**
Editions Tharpa
Château de Segrais
72220 SAINT-MARS-D'OUTILLÉ,
FRANCE
Tél/Fax : +33 (0)2 43 87 71 02
Web: www.tharpa.com/fr/
E-mail: info.fr@tharpa.com

**Japão**
Tharpa Japan
KMC Tokio
Web: www.kadampa.jp
E-mail: info@kadampa.jp

**México**
Enrique Rébsamen Nº 406,
Col. Narvate, entre Xola y
Diagonal de San Antonio,
MÉXICO D.F., C.P. 03020,
MÉXICO
Tel: +01 (55) 56 39 61 86
Tel/Fax: +01 (55) 56 39 61 80
Web: www.tharpa.com/mx/
Email: tharpa@kadampa.org.mx

**Portugal**
Publicações Tharpa Portugal
Rua Moinho do Gato, 5
Várzea de Sintra
2710-661 SINTRA
PORTUGAL
Tel: +351 219 231 064
Web: www.tharpa.pt
E-mail: info.pt@tharpa.com

**Suiça**
Tharpa Verlag
Mirabellenstrasse 1
CH-8048 ZURICH
Schweiz
Tel: +41 44 401 02 20
Fax: +41 44 461 36 88
Web: www.tharpa.com/ch/
E-mail: info.ch@tharpa.com

# *Índice Remissivo*

*a letra "g" indica entrada para o glossário*

## H



## I



## J

# *Leituras Recomendadas*

Se você apreciou a leitura deste livro e deseja encontrar mais informações sobre o pensamento e a prática budistas, apresentamos outros livros do Venerável Geshe Kelsang Gyatso Rinpoche que você poderá gostar de ler. Eles estão disponíveis pela Editora Tharpa Brasil.

**BUDISMO MODERNO**
**O Caminho de Compaixão e Sabedoria**

Um manual inspirador para a prática diária, perfeitamente adequado para os que buscam, no Budismo, soluções para os problemas da vida diária, assim como uma fonte de incentivo para praticantes de todas as crenças a aprofundarem sua compreensão e prática do caminho espiritual.

Você pode baixar gratuitamente as versões eBook ou PDF do livro Budismo Moderno no endereço www.budismomoderno.org.br

**GRANDE TESOURO DE MÉRITO**
**A Maneira de Confiar em um Guia Espiritual**

Uma explicação completa sobre Oferenda ao Guia Espiritual, uma das mais profundas práticas de meditação do Budismo Mahayana. Este livro contém uma grande riqueza de orientação espiritual, além de ser uma fonte indispensável para aqueles que desejam integrar todas as suas práticas espirituais no rápido caminho tântrico à plena iluminação.

**AS INSTRUÇÕES ORAIS DO MAHAMUDRA**
**A verdadeira essência dos ensinamentos, de Sutra e de Tantra, de Buda**

Este precioso livro revela a prática incomum do Mahamudra tântrico da Linhagem Oral Ganden, que o autor recebeu diretamente de seu Guia Espiritual. De modo claro e conciso, este livro explica o caminho espiritual completo, desde as práticas preliminares iniciais até as etapas conclusivas do Tantra Ioga Supremo, que nos possibilita alcançar a plena iluminação nesta vida.